CS 比较译丛 39

比 较 出 思 想

增长的烦恼

鲍莫尔病及其应对

[美] 威廉·鲍莫尔 等著
（William J. Baumol）

贾拥民 译

中信出版集团｜北京

图书在版编目（CIP）数据

增长的烦恼 /（美）威廉·鲍莫尔等著；贾拥民译
. -- 北京：中信出版社 , 2023.9
书名原文：The Cost Disease: Why Computers Get Cheaper and Health Care Doesn't
ISBN 978-7-5217-5759-0

Ⅰ.①增… Ⅱ.①威…②贾… Ⅲ.①经济学－通俗读物 Ⅳ.① F0-49

中国国家版本馆 CIP 数据核字（2023）第 104544 号

Copyright © 2012 by William J. Baumol
Originally published by Yale University Press
Simplified Chinese translation copyright © 2023 by CITIC Press Corporation
ALL RIGHTS RESERVED
本书仅限中国大陆地区发行销售

增长的烦恼
著者：　　［美］威廉·鲍莫尔　等
译者：　　贾拥民
出版发行：中信出版集团股份有限公司
（北京市朝阳区东三环北路 27 号嘉铭中心　邮编　100020）
承印者：　北京诚信伟业印刷有限公司

开本：787mm×1092mm　1/16　　印张：17.25　　字数：240 千字
版次：2023 年 9 月第 1 版　　印次：2023 年 9 月第 1 次印刷
京权图字：01-2023-3524　　书号：ISBN 978-7-5217-5759-0
定价：68.00 元

版权所有·侵权必究
如有印刷、装订问题，本公司负责调换。
服务热线：400-600-8099
投稿邮箱：author@citicpub.com

谨以本书纪念丹尼尔·帕特里克·莫伊尼汉，
他理解成本病并战胜了它。

目　录

"比较译丛"序　　　　　　　　　　　　　　　　　III
前　言　　　　　　　　　　　　　　　　　　　　VII

第一部分
并不致命的成本病

第 一 章　医疗保健成本为什么持续上扬　　　　　　3
第 二 章　是什么导致了成本病，它会持续存在吗？　16
第 三 章　未来已来　　　　　　　　　　　　　　　34
第 四 章　是的，我们负担得起　　　　　　　　　　45
第 五 章　成本病的阴暗面　　　　　　　　　　　　72
第 六 章　对成本病的常见误解　　　　　　　　　　80
第 七 章　成本病与全球健康　　　　　　　　　　　97

第二部分
成本病的技术因素

第 八 章	混合产业与成本病	115
第 九 章	生产率增速、就业配置以及商用服务的特殊情况	121

第三部分
削减医疗保健成本的机会

第 十 章	医疗保健中的商用服务	147
第十一章	是的，我们可以削减医疗保健成本，即便我们不能压低其增长率	161
第十二章	结论：我们将去往何方？我们应该怎么做？	187

注　　释	190
参考文献	218
致　　谢	247
译 后 记	253

"比较译丛"序

2002年，我为中信出版社刚刚成立的《比较》编辑室推荐了当时在国际经济学界产生了广泛影响的几本著作，其中包括《枪炮、病菌与钢铁》《从资本家手中拯救资本主义》《再造市场》（有一版中文书名为《市场演进的故事》）。其时，通过20世纪90年代的改革，中国经济的改革开放取得了阶段性成果，突出标志是初步建立了市场经济体制的基本框架和加入世贸组织。当时我推荐这些著作的一个目的是，通过比较分析世界上不同国家的经济体制转型和经济发展经验，启发我们在新的阶段，多角度、全方位地思考中国的体制转型和经济发展机制。由此便开启了"比较译丛"的翻译和出版。从那时起至今，"比较译丛"引介了数十种译著，内容涵盖经济学前沿理论、转轨经济、比较制度分析、经济史、经济增长和发展等诸多方面。

时至2015年，中国已经成为世界第二大经济体，跻身中等收入国家行列，并开始向高收入国家转型。中国经济的增速虽有所放缓，但依然保持在中高速的水平上。与此同时，曾经引领世界经济发展的欧美等发达经济体，却陷入了由次贷危机引爆的全球金融危机，至今仍未走出衰退的阴影。这种对比自然地引发出有关制度比较和发展模式比较的讨论。在这种形势下，我认为更有必要以开放的心态，更多、更深入地学习各国的发展经验和教训，从中汲取智慧，这对思考中国的深层次问题极具价值。正如美国著名政治学家和社会学家李普塞特（Seymour Martin Lipset）说过的一句名言："只懂得一个国家的人，他实际上什么国家都不懂。"（Those who only know one country know no country.）这是因为只有越过自己的国家，才能知道什么是真正的共同规律，什么是真正的特殊情况。如果没有比较分析的视野，既不利于深刻地认识中国，也不利于明智地认识世界。

相比于人们眼中的既得利益，人的思想观念更应受到重视。就像技术创新可以放宽资源约束一样，思想观念的创新可以放宽政策选择面临的政治约束。无论是我们国家在20世纪八九十年代的改革，还是过去和当下世界其他国家的一些重大变革，都表明"重要的改变并不是权力和利益结构的变化，而是当权者将新的思想观念付诸实施。改革不是发生在既得利益者受挫的时候，而是发生在他们运用不同策略追求利益的时候，或者他们的利益被重新界定的时候"。* 可以说，利益和思想观念是改革的一体两面。囿于利益而不敢在思想观念上有所突破，改革就不可能破冰前行。正是在这个意

---

* Dani Rodrik, "When Ideas Trump Interests: Preferences, Worldviews, and Policy Innovations," NBER Working Paper 19631, 2003.

义上，当今中国仍然处于一个需要思想创新、观念突破的时代。而比较分析可以激发好奇心、开拓新视野、启发独立思考、加深对世界的理解，因此是催生思想观念创新的重要机制。衷心希望"比较译丛"能够成为这个过程中的一部分。

钱颖一

2015年7月5日

前　言

许多年前，我看到过极具创造力的经济学家琼·罗宾逊（Joan Robinson，即罗宾逊夫人）留下的一份手写笔记，她在那里谈到了本书的核心内容——成本病。成本病理论说的是：医疗保健、教育、现场表演艺术，以及其他许多美其名曰"个人服务"的经济活动的成本，必定会以比整个经济的通胀率高得多的速度上涨。事实上，在有数据可查的所有时间范围内，这些经济活动的成本上涨确实都呈现了这个特点。[1] 之所以如此，是因为生产这些服务所需的劳动数量很难减少。

自工业革命以来，在大多数制造业活动中，劳动节约型生产率提高就一直在以前所未有的速度发生着，于是在工人工资上涨的同时，生产这些产品的成本反而降低了。与此同时，在个人服务行业，由于自动化并不一定总能顺利推广，所以这种劳动节约型生产率提高的速度远远低于整个经济的平均水平。因此，个人服务行业的成本以比通胀率高得多的速度上涨。

从罗宾逊教授的笔记来看，她并不反对上述论断，只不过她提请大家注意一个更加重要的事实。在20世纪和21世纪，几乎所有经济领域的生产率都在提高，当然，有些行业提高得较慢，有些行业提高得较快，因此她认为，以所需的人力成本数量来衡量，所有行业的成本都必定是在降低的。她还指出，毫无疑问，这种劳动才是人类在生产一种商品时付出的真正成本。我给她寄了一张便条，表示同意，但是当时我并不明白她这番话的全部含义。罗宾逊教授的见解的确非常深刻，本书中对成本病的最新分析最终全都聚焦到了如下这个可以从罗宾逊教授的观点推导出来的关键结论上：无论医疗和教育费用的上涨会给人们带来多少痛苦，社会都能负担得起，因此没有必要对我们自己或社会中较不富裕的那些成员，又或者对全世界否认这个事实。尽管这些服务的成本在持续上升，但是，社会整体收入和购买力的迅速增长必定能让人们负担得起这些服务。

仅仅从本书提供的数据和分析来看，它的结论，即我们的后代将有能力支付更高的医疗保健和教育费用，以及更多他们想要消费的其他商品和服务，似乎是极不合理的。我们都知道，医疗保健和教育费用正在以令人极度不安的速度增长。但是，这种增长将会如何影响我们的生活呢？只要进行简单的计算就可以得到答案。计算表明，如果医疗保健费用继续以近年来的平均速度增长，它们在人均收入中占据的比例将从2005年的15%上升到2105年的62%。这个比例无疑是令人难以置信的。这也就意味着，到2105年，我们的曾孙们通过劳动赚得的或以其他方式获得的收入，将只有不到40%可以花在除医疗保健之外的所有其他方面，包括食品、服装、度假、娱乐，甚至教育！然而，正如本书将会证明的那样，这种前景其实远远没有初听起来那么糟糕。

但是，这个结论真的难以置信吗？当然，某些事件可能会改变当前生产率和经济增长的趋势，例如战争、地震，以及任何人（尤其是经济学家）都无法预见的数不尽的其他事件。（俗话说得好，经济学家有能力预测任何事情，就是预测不到未来。）但是，应该提请读者注意的是，本书给出的大部分成本病分析都是在几乎整整半个世纪前由我和我的同事威廉·鲍恩首次提出的。[2] 我们在最初的研究论文中针对医疗保健及其他劳动密集型服务的未来成本做出的预测完全得到了证实。不久之前，著名经济学家威廉·诺德豪斯（William Nordhaus）对1948年至2001年的全行业核算数据进行了独立研究，而后得出了这样的结论："鲍莫尔关于生产率增长缓慢导致成本—价格病的假说得到了数据的确证。"[3] 更晚近一些，罗伯特·弗拉纳根（Robert Flanagan，2012）对美国交响乐团面临的经济挑战进行的研究也证实了持续上升的成本和只能缓慢提高的生产率仍然在困扰着表演艺术的发展。自从我们的成本病分析首次公之于世以来，几乎半个世纪过去了，我们的预测肯定已经拥有了一种特殊的地位：它们很可能成为经济分析中出现过的最长久有效的预测之一。

必须承认，当我们第一次提出我们的"成本病"分析时，我和鲍恩都过于怯懦了，不敢大胆提出这种断言。相反，我们当时只是将这个理论对未来的含义称为一种"推断"，而不是"预测"。但是到了今天，差不多五十年过去了，现在本书的作者们想要做出更大胆的断言。

全书概览

简而言之，我们这本书的中心论点是：

1. 现代经济中生产率的快速提高导致了一种成本趋势，利用这种成本趋势可以将经济划分为两个部门，我称之为"停滞部门"（stagnant sector）和"进步部门"（progressive sector）。在本书中，我们把生产率的提高定义为生产过程中发生的劳动节约型变化，它能够使每小时劳动投入的产出增加，可能是非常显著地增加（见第二章）。

2. 随着时间的推移，与进步部门提供的商品和服务相比，停滞部门提供的商品和服务将变得越来越不容易负担得起。快速上升的住院医疗费用和不断上涨的大学学费，就是医疗保健和教育这两个关键的停滞部门提供的服务成本持续上涨的突出例子（见第二章和第三章）。

3. 尽管成本不断增加，但是停滞部门的服务永远不会成为社会负担不起的服务。这是因为整体经济的生产率同时也在不断提高，因而提高了社会的整体购买力，使得人们的整体生活水平不断提高（见第四章）。

4. 硬币的另一面是，进步部门的产品的可负担性日益提高，同时相对成本持续下降。这里面包括了一些我们原本可能认为不太负担得起因而应该不会流行起来的产品，如各种各样的武器装备，还包括汽车以及其他会造成环境污染的大规模生产的产品

（见第五章）。

5. 停滞部门的产品的可负担性下降，使这些部门的产品变得很容易引发政治上的争议，并成为普通民众的不安心理的一个来源。但是在这里，悖谬的是，正是进步部门的发展刺激了恐怖主义和气候变化等最具威胁性的问题，它们对公众福利构成了更大的威胁。本书认为，人类未来面临的很多最严重的威胁都源于进步部门产品成本的下降，而不是停滞部门如医疗保健和教育等服务成本的上升（见第五章）。

本书的核心目标是解释为什么一些劳动密集型服务的成本，尤其是医疗保健和教育持续以高于平均水平的速度提高。我们指出，只要生产率继续保持增长，成本的这种提高就会持续。但更重要的是，正如经济学家琼·罗宾逊多年前正确指出的那样，随着生产率的提高，我们负担所有这些日益昂贵的服务的能力也将得到提高。

然而不幸的是，这些思想似乎都没有真正进入当前的政治辩论。[1]如果不能引导政界人士理解本书中提出的观点，那么他们服务的公民就有可能会被剥夺至关重要的健康、教育和其他福利，因为它们看上去是负担不起的，尽管实际上并非如此。

第一部分
并不致命的成本病
THE COST DISEASE
WHY COMPUTERS GET CHEAPER AND HEALTH CARE DOESN'T

第一章
医疗保健成本为什么持续上扬

这是现代生活的一种怪病。

——马修·阿诺德(Matthew Arnold,"The Scholar-Gypsy",1919)

1980年,在美国读四年制本科平均每年只需花费3 500美元(包括食宿在内)。然而到了2008年,这个数字就已经成为永不可追的历史了:本科一年的学费上涨到了接近20 500美元。[1] 在这些年间,大学本科学费的年均增长率超过了6%,远远超过了通货膨胀率。如果这种趋势一直持续下去,那么到2035年,一流私立大学的年均在校学习成本可能会接近20万美元。[2]

大学学费绝不是一个孤立的例子。医疗保健和现场艺术表演也是这种普遍存在的成本不断上升模式的受害者。这种模式就是人们所称的"成本病",或称"鲍莫尔病";而在教育界,人们则称之为"鲍恩诅咒"。相关数据的规模和持久性都是令人震惊的。

成本危机

医疗保健成本的爆炸式增长，早就成了人们普遍关注的一个焦点。在各工业化国家的任何一届选举中，几乎所有选民都希望每位候选人承诺要控制这些成本。在美国，参加2008年总统大选的各位候选人都一再强调这个问题是美国社会面临的最严峻的问题之一。相关辩论的参与者也经常指出，其他国家的民众花在医疗保健上的费用要比美国人少得多，而且他们活得又比美国人更长久，健康状况也更好。[3] 但是，正如我们马上就会看到的，尽管这些国家的医疗总成本相对来说低一些，但是它们的医疗保健项目也受到了成本以惊人的速度快速持续上涨的困扰。成本病是一种普遍的现象。

我们这些子女或孙辈正在上大学的人，早就痛苦地意识到教育领域也面临着类似的问题。教育费用也早就引发了越来越多的政治关注。美国国家公共政策和高等教育中心发布的报告称，将近三分之二的美国人"认为大学学费的上涨速度比其他任何事项都要快"。[4] 美国劳工统计局的数据证实了这种看法[5]：自20世纪80年代初以来，美国大学学费的上涨幅度（440%）远远超过了平均通胀率、家庭中位收入的上涨幅度（分别为110%和150%），甚至还超过了医疗保健费用的上涨幅度（250%）。

我们撰写本书的目的就是要阐明，不仅医疗保健、教育和许多其他服务领域都面临成本持续上升的问题，而且成本的这种上升有一个共同的来源。如果不能深刻认识问题的来源，任何试图解决问题的计划都很可能被证明是徒劳的，甚至还可能适得其反。但是，一旦我们真正理解了这个问题，有希望的行动路线就会涌现。这场讨论在刚开始时也许会显得相当严峻，但是在所讨论的故事中成本持续上升的问题却有一个相当愉快的结局，尽管这个结局最终仍取决于政策制定者的理性和洞察力。

简而言之，我的观点是，成本病在很大程度上是全世界工业化国家自工业革命以来取得的前所未有的、令人瞩目的生产率提高的产物。业界通常认为，工业革命始于18世纪，它为提高民众的生活水平、减少贫困做出了巨大的贡献。在各富裕国家，这种前所未有的生产率提高主要是通过发明家和企业家的合作实现的，并且因企业、政府和非营利组织大规模推广而得到了强化。生产率提升几乎完全消灭了饥荒，创造了以前无法想象的技术，使我们的生活水平不断提高，并大大减少了贫困的广度和深度。但是，它也带来了医疗保健、教育和其他重要服务的成本的上升。因此，本书的核心论点是，生产率提高既是导致成本病的原因，同时也是治疗成本病的方法。

美国医疗保健和教育成本的持续上升

经常有论者指出，美国人的医疗保健费用比大多数其他工业化国家的民众要高得多。从统计数据看，我们可以相当肯定地说，这是事实，尽管要对使用不同货币的不同国家进行成本比较，存在着一个众所周知的陷阱。我们承认这个结论有一定的缺陷，不在于它从事实的角度看是错误的，而在于它聚焦到了错误的问题上面。社会在医疗保健和教育费用方面所经受的痛苦，主要不是来自它们在某一特定日期的特定水平，而是来自它们的增长率。昨天的医疗保健和教育可能很贵了，但是今天比昨天还要贵得多，而且到明天还会更贵。

这里需要注意的是，我指的不是名义价格上涨，而是经济学家通常所说的实际价格上涨，也就是说，这些服务的价格涨幅要高于整个经济的总体通胀率。（对于非经济学专业的读者，请参看我们在本章末尾的附录中对"实际"价格与"名义"价格的区分。）这些服务的实际价格上涨的幅度和持久性都令人震惊，因此毫无疑问，即便它们不是唯一的问题，也肯定是问题的主要组成部分。

从1948年到2008年，衡量美国经济整体价格上涨程度的消费者价格指数（CPI）每年增长近4%。相比之下，在同一时期，医生服务（physician service）的费用每年增长大约5%（见图1.1）。这个差异看起来似乎微不足道，但是它实际上意味着，在这60年的时间里，你去看医生的费用增加了大约230%（已经剔除了通胀因素导致的医疗服务费用的增加）。[6]

根据美国劳工统计局的报告，在过去30年里，医院服务的成本增加还要更快：从1978年到2008年，每年提高近8%。相比之下，如图1.2所示，在这30年间，医生服务的成本和总体CPI分别每年提高5%多一点和不到4%。经通胀调整后，医院服务的成本在这个时期提高了将近300%。相比之下，在这30年里，医生服务的实际成本提高了将近150%。医院服务的成本如此大幅度提高，显然对美国中低收入者能负担得起的医疗保健的质量和数量构成了严重威胁。在一个致力于提高全民福利（包括可接受的最低医疗保健标准）的富裕社会中，不断上涨的医疗保健成本显然已经构成了一个紧迫的问题。（不过，稍后我们将会看到，这个问题可能没有看上去那么严重。）

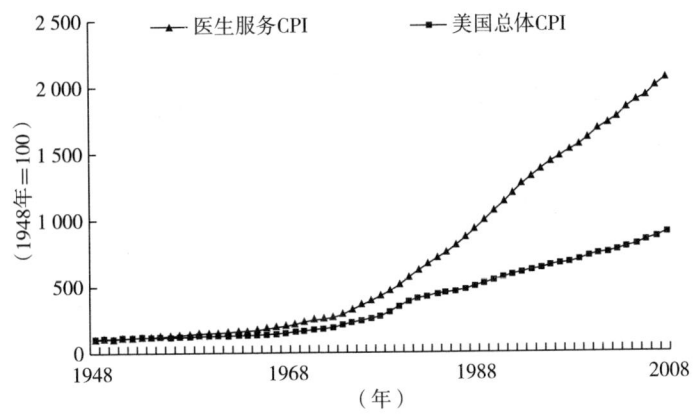

图1.1　1948—2008年美国医生服务与总体CPI的比较

资料来源：基于美国劳工统计局的数据绘制。

当我们查看同一时期教育成本的相关数据时，发现了非常相似的模式。如图1.3所示，普通消费者的大学学费和杂费在这个时期稳步提高，而且提高的速度明显超过了通胀率。根据美国劳工统计局的数据，在过去30年里，大学的学费和杂费平均每年提高超过7%。在此期间，以不变价购买力计算，学费提高了250%以上，这一上涨速度虽然落后于同期医院服务成本的上涨速度，但是轻松超过了医生服务成本的上涨速度。

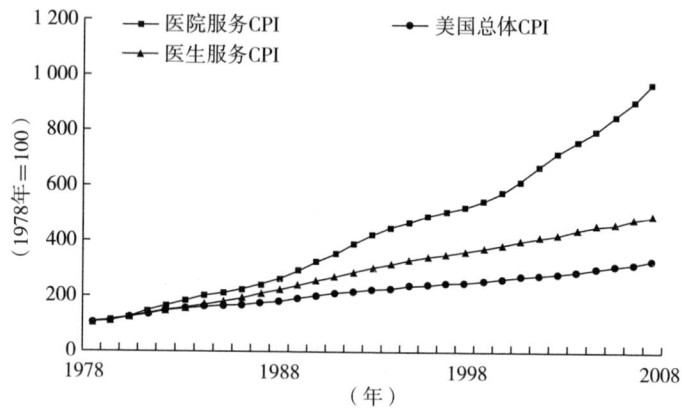

图1.2 1978—2008年美国医院服务、医生服务与总体CPI的比较

资料来源：基于美国劳工统计局的数据绘制。

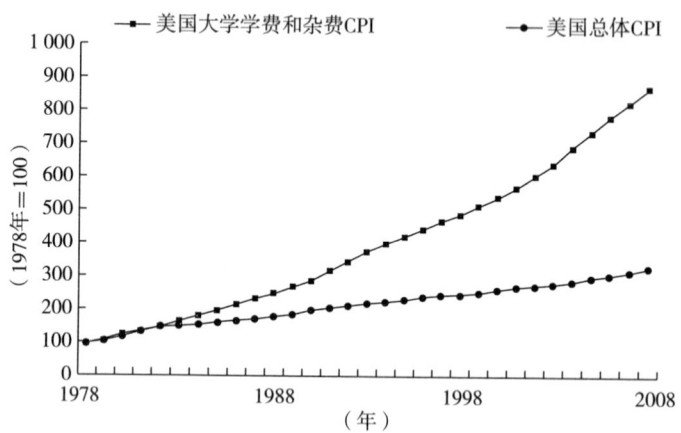

图1.3 1978—2008年美国大学学费和杂费与总体CPI的比较

资料来源：基于美国劳工统计局的数据绘制。

全球比较：医疗保健和教育成本持续上升

那么，医疗保健和教育的实际成本的这种稳步上升趋势是美国独有的吗？一些评论人士认为，由于其他国家对医疗保健成本实施了更加严格的控制，所以它们能够继续提供更好、更能负担得起的公共服务。毫无疑问，这种观点有其合理之处，因为它反映了公共政策和其他方面的国际差异。其中最主要的原因是，其他国家一方面对社会服务的投入更大（同时，它们的税率也远高于美国，不然无从筹集所需资金），另一方面对医生服务费用的控制也更加严格。即便如此，在其他工业化国家，医疗保健和教育成本的增长率与美国一样也是在不断提高的（对中低收入国家医疗保健和教育成本的数据分析，见第七章）。

当我们将美国的医疗保健和教育成本与其他国家进行比较时[7]，马上就会看到，在我们有数据的七个工业化国家中，从1995年到2004年，每个国家的生均教育支出都在显著增加。虽然美国的教育支出一直高于其他六个国家，但是英国、荷兰和丹麦这三个国家与美国相差不远。如图1.4所示，美国教育支出的增长率是最高的，达到了每年将近5%。英国、丹麦和荷兰紧随其后。至于医疗保健支出，几乎每个主要工业化国家都曾尝试过遏制这类费用的增长率以使之不高于通胀率，但是都以失败告终。如图1.5所示，从1960年到2008年，美国的人均医疗保健支出超过了加拿大、德国、日本、英国和荷兰。但是如图1.6所示，在同一时期，美国的人均实际医疗保健支出的增长率其实并不是最高的，日本的增长率很明显超过了美国。因此，尽管美国的医疗保健支出水平相对较高，但是其增长率与其他富裕的工业化国家相似。

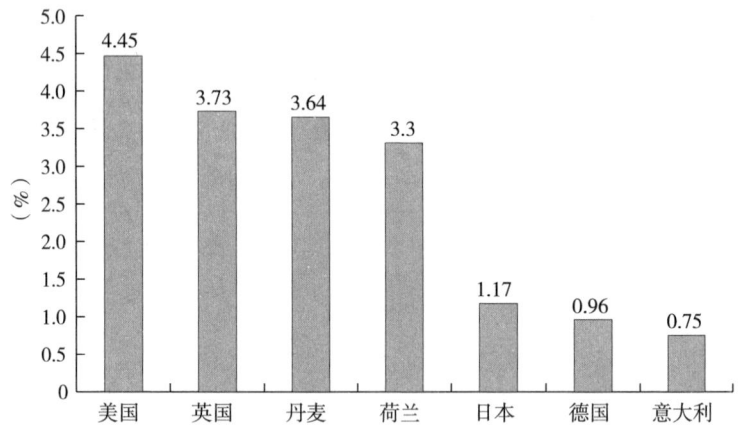

图1.4 1995—2004年样本国家教育支出的实际年均增长率

注：其中，1995年、2000年、2001年、2002年、2003年、2004年和1996—1999年的数据未能获得。

资料来源：基于如下数据绘制：*OECD Education at a Glance 2007*, Table B2.3: Change in Expenditure on Educational Institutions, Paris: OECD。

最后，尽管美国实际医疗保健支出的增长率高于通胀率，但是医疗保健相关专业人士的工资却没有以同样的速度提高。根据美国劳工统计局的数据，在过去50年里，医疗工作者的工资增长率只能勉强追上通胀率。另一方面，从20世纪70年代中期开始，美国高校员工的工资实际上未能跟上通胀的步伐（见图1.7）。因此，我们不能把医疗保健和教育成本的迅速上升归咎于这两个部门的从业者。

从这些数据中，我们得到的第一个教训是，其他国家采取的医疗保健体系及相关政策的实际效果告诉我们，并不存在什么能够快速解决美国医疗保健成本上升问题的办法。

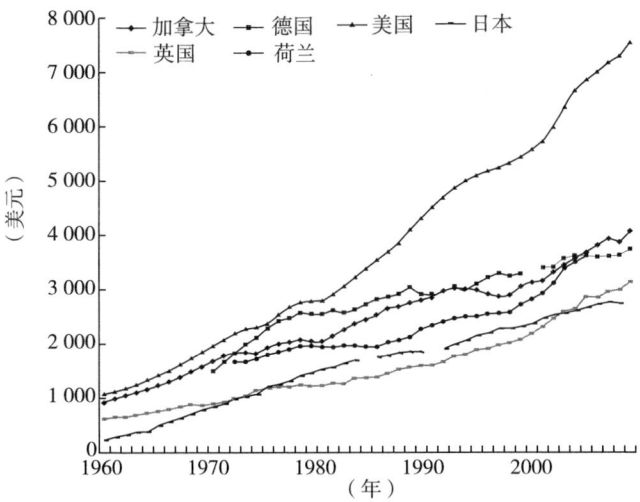

图1.5 1960—2008年样本国家的人均实际年度医疗保健支出

注：趋势线上的空白处对应的年份数据缺失。

资料来源：基于如下数据绘制：OECD, Health Data 2010: Total Expenditure on Health, Per Capita U.S. $ PPP, http:// stats .oecd .org。

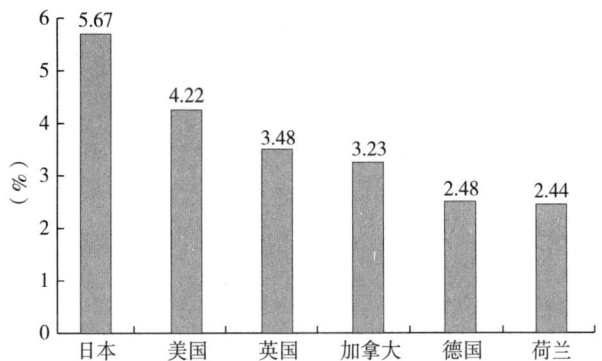

图1.6 1960—2006年样本国家人均实际医疗保健支出的年均增长率

资料来源：基于如下数据绘制：OECD, Health Data 2008: Total Expenditure on Health, Per Capita U.S. $ PPP, http:// stats .oecd .org。

这个问题的普遍性和持久性（事实上已经持续了40多年），影响遍及欧洲、北美和亚洲各国，表明它的根源远比美国特有的政府体制或制度安排要深得多。医疗保健支出持续增加的原因有很多，包括人口老龄化、技术变革、不合理的激励机制、由供给引致的需求，以及对医疗事故诉讼的担忧，等等。而更全面的看法则是，根本的问题并不是源于行为不当或能力不足，而是源于要提供的劳动密集型服务自身的性质。

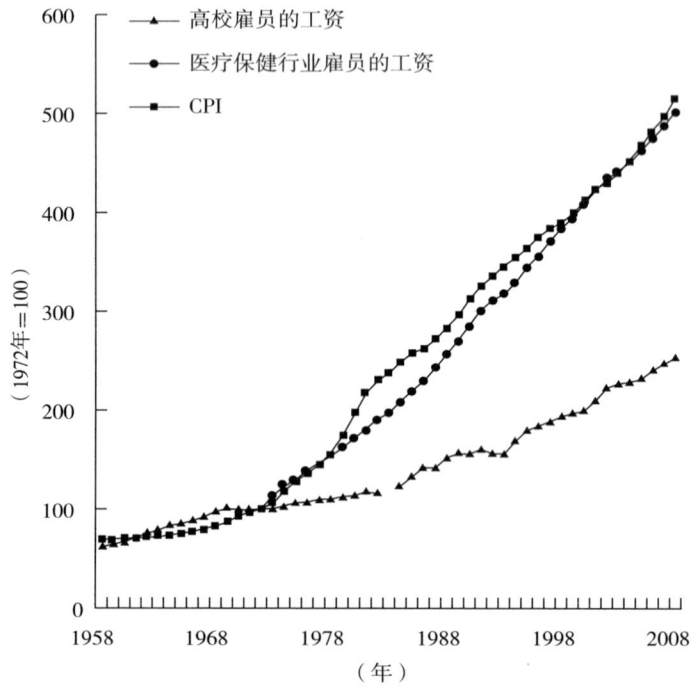

图1.7　1958—2008年美国高校雇员、医疗保健行业雇员的工资与总体CPI的比较

注：趋势线上的空白处对应的年份数据缺失。"医疗保健行业雇员"包括了受雇于医生办公室的所有人员。

资料来源：基于美国劳工统计局的数据绘制。

附录：实际成本与名义成本

经济学家通常采用两种方法来观察成本变化。一种叫作名义变化，另一种叫作实际变化。成本的名义变化就是指我们直接观察到的成本变动。如果一份报纸的价格从1美元上涨到了2美元，那么我们就说消费者的名义成本增加了1美元，提高了100%。但是，如果在同一年，整个经济中的所有成本和工资也"碰巧"都上升了80%（即通胀率为80%），那么我们就必须将这一点也考虑进去。虽然我们为报纸付出了更多的钱，但是每一美元的价值都比以前更低了。

这两种变化能够部分相互抵消。因此，为了评估报纸的实际成本上涨了多少，我们需要从名义上涨幅度（100%）中减去通胀导致的上涨幅度（80%），这样就得到了成本的实际增长幅度。在这个例子中，实际成本增加了20%（100%-80%＝20%）。

在许多讨论中，能不能区分这两种成本变化是一个很重要的问题。不能区分它们可能会导致糟糕的政策，即实际上不但不能解决问题，反而会使问题变得更加棘手的政策。例如，假设汽车的成本在一年内上涨了15%，但是同一年所有工人的工资都翻了倍，那么尽管买车的名义成本增加了，世界各地的工人仍然比上年更有能力买得起新车。如果我们因为汽车制造商"贪婪"地抬高价格而惩罚他们，就可能会迫使他们生产质量低劣的汽车，甚至导致他们破产。要知道，他们雇员的工资与其他人的工资一样要上涨。实际成本就是为了避免这种误解而创造的一个经济学概念。

如何计算实际成本的变化

经济学家用来计算实际成本变化的方法很简单，而且似乎也没有什么会让读者特别感兴趣的东西，但在这里还是有必要稍微解释一下，以便非经济学专业的读者能更好地理解本书中的分析。要计算任何一种商品的实际成本，只需要将其名义成本除以某个用来衡量其所在经济体中所有商品的平均成本变化的指标（或者，该经济体的商品的某个代表性样本，如CPI）。因此，要计算商品X在2010年的实际成本，我们只需运用以下公式即可：

2010年X商品的实际成本＝2010年X商品的名义成本／2010年整体经济的成本指数

这里需要注意的是，如果商品X的成本的上涨幅度小于整个经济体成本指数的上涨幅度，尽管它的名义成本上升了，商品X的实际成本还是会下降。由此，我们马上可以得出一个很明显的推论（但是这个观察结果经常被人们忽视）：在任何经济体中，各种商品的成本是以不同的速度上升的，一些商品的成本必定比平均水平上升得更快，同时另一些商品的成本必定比平均水平上升得更慢。这是必然的，因为根据平均数的定义可知，一些成本的增加必然高于平均数，同时另一些成本的增加则必定低于平均数。

因此，总是有一些商品的实际成本在上升，同时另一些商品的实际成本在下降，这是不可避免的。例如，如果某种商品的名义成本增长率低于经济中所有成本的平均增长率，那么它们的实际成本就会下降。由此可知，有些商品和服务，如医疗保健和教育，其特点是实际成本不断上升，而另一些商品和服务，如计算机和电信，其特点是实际成本持续下降，这不足为奇。

更令人惊讶的应该是（不过正如我们将会看到的，也不必太过惊讶），实际成本在任何给定年份都下降的那些商品和服务，其实际成本通常是年复一年都在下降的。而实际成本上升的商品和服务则年复一年地遵循成本上升的模式。正如我们将会看到的，这种持续性正是导致成本病的原因。

第二章

是什么导致了成本病，它会持续存在吗？

> 由于劳动节约型生产率的增长率是不均匀的，某些生产活动的增长率必然低于平均水平。
>
> ——威廉·鲍莫尔（"Fourth Tautology"，未出版）

为什么医疗保健、教育和其他服务的成本持续上涨率高于经济整体的通胀率？在本章中，我们将尝试解释是什么因素驱动了这种现象。

很显然，对这种现象加以解释本身就是很有意义的，但是它之所以值得我们特别关注，还有许多其他原因。首先，有了这种解释，我们就能够推断成本上升更可能是暂时性的，还是有望长期持续。我在本章中将会阐明，虽然不能保证，但是只要我们的经济体

---

* 本章的部分内容，包括图2.2，都是基于笔者之前的著作：*The Microtheory of Innovative Entrepreneurship* (Princeton, N.J.: Princeton University Press, 2010)。

系不发生灾难性的事件，那么在可预见的未来，我们可以预测成本上升将会持续。其次，有了这种解释，我们就能够评估它可能会对公共福利造成什么损害。它是否预示着未来的贫困化，即生活水平持续恶化？我们将会看到，这种危险并不存在，而且令许多人惊奇的是，这些成本的上升是经济发展不可避免的一部分。

我认为，只有当人们误解了这种现象的本质，导致政策制定者做出了看似理性但实际上南辕北辙的反应时，这些稳步上升的成本才会损害公共利益。当然仅仅指出这些还远远说不上大功告成。正如我们将会看到的，成本病的另一面，以那些实际成本持续下降的产品为代表（计算机就是一个很好的例子），可能会对公共福利构成更加严重的威胁。[1]

医疗保健成本不断上升的原因：三个常见的误解

各种劳动密集型服务的成本不断上升的原因是什么？这种成本上升是不是可以归因于政府管理效率低下或政治腐败？毫无疑问，这是一个非常复杂的主题，它涉及的一系列问题的根源无疑既有经济学上的，也有社会学和心理学上的，没有任何一个单一的假说可以"假装"能解释全部问题。当然人们已经列出了许多原因，它们或者真的有助于或者只是可能有助于解释这些成本的高水平和持续迅速上升。例如，在医疗保健方面，最常被提及的因素包括：人口老龄化、医药和医疗器械制造商的定价策略、针对医生和其他医疗服务从业人员的诉讼、医疗服务行业缺乏竞争，以及医生的高收入，等等。[2]

所有这些因素确实都产生了一定的影响，而且无疑还有其他一些因素亦然。但是它们似乎都不是医疗保健成本持续快速上升的主要原因。举例来说，医疗事故赔偿的数量在2002年以后一直在稳步下降。[3] 当然，在差不多同一个时期内，医疗事故赔偿的平均金额和陪审团对医疗事故诉讼的判决金额的中位数都在稳步增加（扣除通胀因素）。[4] 但是我们很清楚，要将医疗保健成本的持续上升归因于医疗事故诉讼，那么医疗事故赔偿的发生率和赔偿额都必须以比现在快得多的速度增长才行。

类似地，如果要认定医疗保健行业缺乏竞争是医疗保健成本上升的主要原因，那么竞争程度必须多年来一直在下降才有可能，但是证据并不支持这种观点。在过去15年里，美国的人均医生数量实际上是略有增加的，即从1993年的每千人2.1名医生增加到了2007年的每千人2.4名医生。这个事实并不能说明医生之间的竞争有所下降。[5] 而且在同一时期，美国医学院的入学人数也略有增加。[6] 因此显而易见，医疗服务领域的竞争程度并没有减弱，由此我们可以预料，医疗保健行业的工资增长不可能比通胀率快得多（图1.7中的数据证实了这个预测），从而也不可能对医疗保健成本的上升有特别显著的"贡献"。

最后，如果要让医生收入的增长成为医疗保健成本上升的有力解释因素，那就需要医生的收入（扣除通胀因素）随时间推移而上升。事实再一次表明，情况并非如此。在20世纪70年代初，医疗服务行业从业者的收入增长快于通胀，但是如图1.7所示，到了1980年，他们收入的增长率就已经被通胀率轻而易举地超过了。[7]

自1980年以来，尽管医疗服务行业从业者的收入有了相当不错的增长，但是他们的购买力实际上下降了。因此，这个问题也不能归咎于医生的贪婪、无节制的过度收费，或其他形式的"邪恶行径"。尽管医生的职业道德与高校教授或其他专业人士相比也未必会高很多，但是将大部分医疗保健成本的上升归咎于医生毫无节制的贪婪，肯定是不对的。

成本病是如何起作用的：一个基本解释

对于成本病，最好的解释方法是利用类比来说明。1946年，一份英国报纸刊登了一则"震惊"读者的头条报道："几乎有一半英国学生的成绩低于平均水平。"成本病的作用方式也是一样的。要理解这一点，我们必须记住，任何一个价格总水平指数，都只能是经济中各种价格的平均数，而价格本身则反映了生产商品和服务的成本。因此，通胀率是许多不同价格的增长率的平均值。由此可见，只要不是所有商品的价格都在以相同的速度上涨，那么就必定有一些商品的价格上涨速度高于平均水平。也就是说，它们经通胀调整后的实际价格肯定在上涨。与此同时，必定有其他一些商品的实际价格在下降。医疗保健服务只不过是成本持续以高于平均水平的速度上升的商品之一（至于为何如此，我们马上就会讨论到）。这也就意味着，从定义上说，医疗保健成本的上升速度必定要高于经济的总体（平均）通胀率。

除了这个最基本的分析之外（根据定义可知，它肯定是正确的），成本病的唯一额外因素是，我们可以观察到，十年又十年，实际成本上升的商品和服务的清单基本一直保持不变，同时实际成本下降的商品和服务的清单似乎也是如此。这就意味着，不但医疗保健成本当前的上涨率高于平均通胀率，而且我们有理由相信，这种趋势在明天和后天都将持续下去。计算机的情况恰恰相反，其成本上涨率将会继续落后于整个经济的平均通胀率（原因不难找出）。"成本持续上涨组"中的产品在其生产过程中通常含有人工操作元素，即不易被机器取代的人工因素，这使得降低其劳动含量变得相当困难。而价格不断下降的那些产品则主要是通过能够更容易实现自动化的工艺生产出来的。它们的实际成本稳步下降只是对它们的劳动含量不断下降的反映。

因此，这个观点从根本上来说是非常简单的。必定会有一些行业的成本上涨率低于平均水平，同时另一些行业则必定高于平均水平。前者主要由生产过程中很少有机会进行劳动节约型改造的行业组成，而后者，即成本相对下降的行业，则主要是那些提供了大量劳动节约型变革机会的行业。

更宽泛的解释

是不是可以给出更全面的解释？线索就在那些实际成本被推高的产品和服务本身的性质中。成本病源于我所说的个人服务的本质，这种服务通常需要服务提供者和消费者进行直接、面对面的互动。医生、教师和图书管理员从事的工作，都需要这种面对面的接触。

而在经济的其他部门,例如汽车制造业中,则不需要消费者与生产商进行直接的个人接触。购买汽车的人通常不知道是谁组装了汽车,也不关心在生产过程中投入了多少劳动时间。再者,假设一家汽车厂引入了一种新的生产工艺,使得它能够在不增加劳动投入的情况下将年产量提高25%。那么,如果劳动规模保持不变,但是工资提高了25%,那么汽车产量的增长将恰好抵消更高工资所带来的成本。如果我们用每辆车的劳动成本来衡量生产率,尽管他们花在每辆车上的时间已经变少了,但工人的生产率仍然与以前一样。但是,在个人服务上投入的时间减少,则很可能会使服务质量下降。或者换句话说,在医疗保健或教育领域,在质量不下降的前提下是很难提高劳动生产率的,即在一定时间内治疗的病人数量或教育的学生数量的增加。

因此,事实证明,在制造业部门实现劳动节约型技术变革要比在许多提供服务产品的部门容易得多。例如,在第二次世界大战之后,美国非农制造业部门的生产率平均每年都能提高大约2%[8];但是与此同时,小学和中学教育的劳动生产率实际上却出现了下降:公立学校每名教师教育的平均学生人数,已经从1960—1961年间的大约25人下降到了2006—2007年间的大约15人。[9]

显而易见的是,当生产率的不断提高导致整个经济体的工资水平上升时,各行业不同的生产率增长率会导致一些行业的实际成本上升,同时另一些行业的实际成本则相对下降。以制造业为例,假设制造业的工资上涨了2%,工业制成品的成本并不一定会上升，因为生产率提高带来的人均产出增加能够抵消工资的上涨。相比之下，在许多以个人服务为特点的行业中，引进劳动节约型设备是非常困难的。教师或警察的工资如果上涨了2%，那么就很难用生产率的提高来抵消，因此必定会导致市政预算的相应增加。同样，美发师的工资如果上涨2%，美容院就必须提高价格。

在长期中，一个国家整体经济中所有工人的工资往往倾向于一起上升或下降，否则，工资水平严重落后的行业的劳动力就会流失。因此从长期看，汽车工人和警察的工资会以大致相同的速度提高，但是如果生产汽车的流水装配线的生产率提高了，同时警察乘巡逻车出警的生产率却没有提高，那么相对于制造业，警察提供的安全保护这种服务的成本就会上升。几十年来，这两个行业不同的成本增长率叠加到了一起，使得个人服务比工业制成品昂贵得多。

这种模式何以持续

历史证据已经证实，上面描述的生产率提高中的部门差异有显著的持续性。各个经济部门通常都不会在生产率提高相对缓慢与相对较快之间随意摆动。恰恰相反，一个世纪前生产率提高相对缓慢的那些行业，到今天从总体上看仍然是落后者。这些行业持续的生产率停滞，给它们提供的服务"强加"了独特的"成本史"。这正是成本病的基本症状：累积性和持续性的成本上升显著超出了整体的通胀率。

除了医疗保健和教育之外，拥有这种性质的行业还包括：法律服务、穷人福利项目、邮政服务、警察保护、环境卫生服务、维修服务、表演艺术、餐饮服务等等。它们有一个共同元素，即产品和服务供给过程的手工或个人元素。这些行业都还没有实现完全自动化，因此无法脱离生产者的"个人关注"（personal attention）。尽管随着时间推移，这些行业中的大多数也都出现了生产率的提高（也就是说，它们的劳动生产率的增长率并不总是为零），但是其提高速度远远低于整体经济生产率的提高速度。在这些行业中，创新在节约劳动力方面并没有取得太大的成效。也正因为如此，我将这些行业称为"停滞的服务业"。

至少有两个原因可以解释为什么"停滞的服务业"未能实现生产率的快速提高。首先，有些人天生就对"标准化"有很强的抵抗力。例如，只要用同一条流水线，就可以生产出成千上万辆完全相同的汽车（其中大部分工作都可以由工业机器人完成），但是在发生了事故将汽车拖到修车行之后，汽车的修理工作却不能自动化。毕竟，在一名医生试图治愈一个病人或一名技师试图修好一台坏了的机器之前，他必须准确判断哪里出了问题，并根据具体情况调整治疗（修理）方案。其次，降低这些服务的劳动含量非常困难的第二个原因是，质量不可避免地与生产它们所投入的劳动数量相关（或者至少人们通常都是这样认为的）。这也就是说，在不降低产品质量的情况下，很难减少执行某项任务所需的时间。如果我们试图加快外科医生、教师或音乐家的工作速度，我们能得到的，很可能是粗制滥造的心脏手术、缺乏训练的学生或非常怪异的音乐表演。

但是，这些服务的提供者和消费者也存在自欺欺人的行为。至少对有些医疗活动，计算机可以比医生做得更好。例如，可能十几种不同的疾病都会表现某一组症状，其中有三种疾病也许是非常罕见的，这三种罕见的疾病很容易被医生忽视，但是计算机却从来不会"忘记"。再例如，一个非常有才华的教师的讲课视频可能比一个平庸的本地教师的现场讲课效果更好。录制的音乐有时甚至比现场表演更受欢迎。[10]

这样说并非要否认医生或现场教学的"个人关注"带来的很多非常重要的好处。在实时现场互动中，医生和教师可以提出和解答问题，这无疑是重要的，也是有益的。然而尽管如此，教师和医生也往往会夸大他们亲自来到讲堂（授课）和手术室（动手术）的好处，而且这种态度得到了病人、学生和其他从这种人与人之间互动中受益者的广泛认同。这就给停滞部门经济活动的劳动节约型调整创造了另一重障碍，尽管整个进步部门都在不断地进行劳动节约型改进。对个人服务中的劳动节约型变革的抗拒，使得这些行业生产率提高的步伐进一步落后，而这种滞后正是这些行业最突出的特征。

当人们认真审视当前这场经济衰退中工作岗位的流失和增加的情况时，这些"停滞的服务业"与其他行业之间的差异一目了然。例如，在2007年12月至2009年6月间，机动车制造和零部件生产行业失去了35%的工作岗位，从而成了美国工作岗位流失最大的行业。[11] 在就业人数减少最多的前20个行业中，还包括纺织业（工作岗位减少了24%）、建筑业（减少了17%）和制造业（减少了14%）。这些都是非停滞部门，它们不断提高的生产率（这是成本病的一个关键组成部分）使得它们能够在裁员的情况下仍然满足社会的需求。[12] 相比之下，在同一时期，那些停滞行业的就业机会实际上反而有所增加。[13] 这是因为这些部门对劳动节约型变革的适应性要差得多，它们无法用更少的工人提供同样的服务。

并非所有服务业都是停滞的

现在发表的许多关于成本病的文章暗示，成本病会影响所有服务业，但是事实并非如此。许多服务业同样受益于生产率的快速提高，因此不属于停滞部门。例如，电信业虽然是服务业，但是它无疑属于进步部门。电信业的生产率提升不仅幅度巨大，而且其提升速度一直居于整个经济的前列。互联网、移动电话和许多其他先进技术的出现清晰地表明，电信业卓越的生产率提高不太可能在短期内就放缓。而且，在同属于进步部门的那些服务业中，尤其是在与计算机相关的服务业中，电信业并不是唯一一个实现了这种令人印象深刻的生产率提高的服务业。

停滞部门的命运

如前所述，我们把经济划分成两个部门：进步部门，即生产率在不断提高的部门，以及停滞部门，即生产率保持不变或提高非常缓慢的部门。现在，让我们用一个思维实验来简化这个问题。假设第一个部门只生产汽车，而第二个部门只演奏莫扎特四重奏。我们进一步假设，在生产汽车的进步部门中，技术改进可以提高生产率，即每小时的汽车产量以每年4%的速度增长，而停滞部门演奏莫扎特四重奏的生产率则年复一年保持不变。现在不妨设想一下，汽车工人意识到自己所属部门的生产率在提高，然后说服管理层同意让工资以同样的速度增长。这种情况对汽车行业的影响很容易追踪。工人的平均工资每年增长4%；与此同时，平均产量也以完全相同的速率增长。因此，每一个因素对成本的影响恰好被另一个因素的影响抵消，从而单位劳动成本（即总劳动成本与总产出之比）保持不变。这一过程可以无限地持续，即汽车工人每年的收入都在增加，但是生产率提高阻止了每辆汽车生产成本的增加，从而使汽车价格和制造商的利润都保持不变。

但是，我们这个小小的经济体中的其他部门又会如何呢？在这个日益富足的社会里，莫扎特四重奏的表演又会有什么样的变化？假设演奏莫扎特四重奏的音乐家以某种方式成功地使他们的工资也每年提高4%，从而使他们的生活水平相对于汽车工人保持不变。这种情况会对四重奏演出的成本产生什么样的影响？也许，在一段时间内，音乐家们可以做到每年增加4%的演出次数，但是很显然，演出次数不可能永远这样增加下去。有鉴于此，不妨让我们假设演出的次数是固定的，如果每位莫扎特四重奏演奏者的演出次数与前一年一样多，但是他的工资却提高了4%，那么每次演出的成本必定会增加4%。毫无疑问，没有什么东西可以阻止成本的上升。只要这些音乐家能够成功地防止自己的收入（相对于汽车工人的收入）下降，那么每次演出的成本就必定会继续随着表演者的收入增加而上升。因此，表演艺术肯定会被不断上涨的成本所困扰。

这里需要注意的是，通常的价格上涨在上述分析中是不起作用的。[14]不管经济中的总体价格水平是否在发生变化，只要在这个两部门经济中音乐家的工资继续保持增长，那么一场现场演出相对于一辆汽车的成本就会持续累积上升。音乐表演的相对成本增长率将直接取决于各自行业生产率的相对增长率。此外，在解释这种累积性的成本增长时，尽管许多人总是摆脱不了找某个"替罪羊"来承担一切责任的诱惑，但是这里确实不存在这样的"替罪羊"。我们不需要用浪费和贪婪来解释，相反，是现场音乐演出所需的无法减少的时间和劳动，阻碍了其生产率的提高，同时这也就解释了观看莫扎特四重奏音乐会的费用会以"复利"的形式上涨的原因。[15]

我们可以将这种分析应用于各种各样需要个人服务的行业。例如，机动车辆的使用增加了警察巡逻、邮递或街道清洁的每小时产出（就其可以覆盖的地区而言）；但是这种生产率提高只限于一定范围内，当然也不是持续性和累积性的。此外，在警察提供安全保护这个例子中，不要忘记机动车辆的使用也会提高犯罪活动的生产率（就实现罪犯目标所需的劳动时间而言），从而部分抵消了警察生产率提高带来的收益。在其他个人服务业中，生产率充其量只能增长一点点。在这方面，汽车保险业可以作为一个很好的例子，因为购买汽车保险的人最多只能获得几种"停滞的服务"的组合：发生车祸时的医疗服务、汽车修理服务、法律服务等。

最后，还有一类特别重要的"停滞的服务"，那就是政府的福利计划及相关项目，它们不能从任何重要的生产率增长中受益，因为它们本质上都属于手工工艺活动，其技术基本没有改变过，这就对税收和财政政策等重要问题产生了重大影响。

显而易见，生产率的不断提高会使一国更加富有，并有助于遏制贫困，但也正是它为成本病奠定了基础，并导致受成本病影响的服务的成本不断上升。这个故事有一层令人不安的道德寓意，那就是最容易受成本病影响的产品和服务，恰恰包括了文明社会一些最重要的方面：医疗保健、教育、艺术、警察保护和街道清洁等等。所有这些服务都面临着迅速而持久的成本上升。这些服务的成本上升，威胁着工业化国家的家庭预算、地方市政当局和中央政府本已捉襟见肘的预算的可持续性；而且，正如我们将会在第七章中看到的，发展中国家也面临同样的困境。在许多时候，当不可避免地必须紧急实施财政紧缩政策时，在这些服务上的支出往往会被率先削减，或者就算能够保持增长，增加的幅度也最多与总体通胀水平保持一致。在这种情况下，这些服务的供给可能在数量和质量上都有所下降。当然，这并不是导致"公共赤贫"（public squalor）的唯一原因，但是它肯定难辞其咎。

或者换一种说法，经济增长过程固有的一个特点就是，那些很难实现劳动节约型创新的经济活动，恰恰是人们普遍认为对社会福利最为关键的活动。它们的实际成本呈螺旋式增长，不仅超出了个人的负担能力，也超出了国家的负担能力。因此，不断提高的生产率和随之而来的成本病，在造就了"私人富足"（private affluence）的同时也导致了"公共赤贫"。然而我们也将会看到，尽管这些服务业的实际成本不可避免地持续增加，但是上面所说的这种结果并非不可避免。成本病的本质保证了我们能够负担这些成本的增加，尽管如果缺乏政府的适当干预，这对贫困的社会成员来说仍然会是一个紧迫的问题。这个看似悖谬的论断，也是我们的故事的另一组成部分。

来自停滞部门的进一步证据

如果前文基于生产率提高速度持续落后的解释是正确的，那么作为成本病的症状，实际成本不断上升的现象就应该出现在非常广泛的个人服务业中。一个例子是，自1987年以来，丧葬服务费用增加了一倍多，这表明该行业存在着成本病。[16] 在1987年至2008年，总体通胀率是每年大约3%，而丧葬服务成本的增长率则每年接近5%。[17] 类似地，美国劳工统计局提供的法律服务价格指数表明，从1986年到2008年，律师服务费的年增长率比通胀率高出了大约1.5%（见图2.1）。[18] 我们不难列出一个名单，把劳动生产率的增长率远远低于制造业的个人服务业不断加进来。例如，从1986年到2008年，殡仪馆及其他丧葬服务业的生产率仅以每年略高于1%的速度增长[19]；而在同一时期，整个制造业的生产率提高速度则为平均每年3%多一点。[20] 这种持续停滞的生产率，正符合我们根据成本病分析对这些行业的预期。

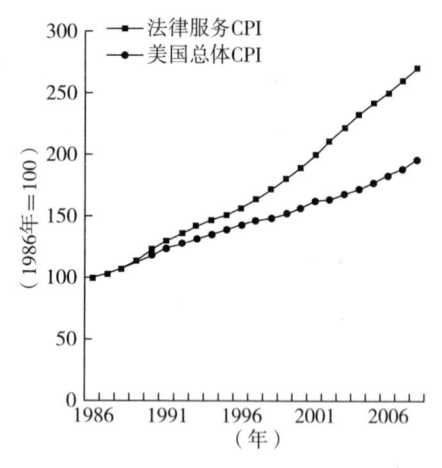

图2.1　1986—2008年美国法律服务与美国总体CPI的比较
资料来源：基于美国劳工统计局的数据绘制。

生产率提高、创新与企业家精神

图2.2显示了对中国、意大利和英国自1500年以来人均GDP的估计结果。[21] 从图中不难发现，在16—18世纪，图中的曲线几乎是水平的，这意味着生产率的提高幅度几乎为零。尽管意大利文艺复兴在14世纪和15世纪就取得了重大成就，但是这个时期意大利的曲线与英国的曲线几乎没有差异。直到19世纪上半叶工业革命爆发，英国的经济才开始出现显著增长。在意大利，这个起点则出现在大约半个世纪之后；至于在中国，这个起点出现得还要更晚——要等到20世纪后期。

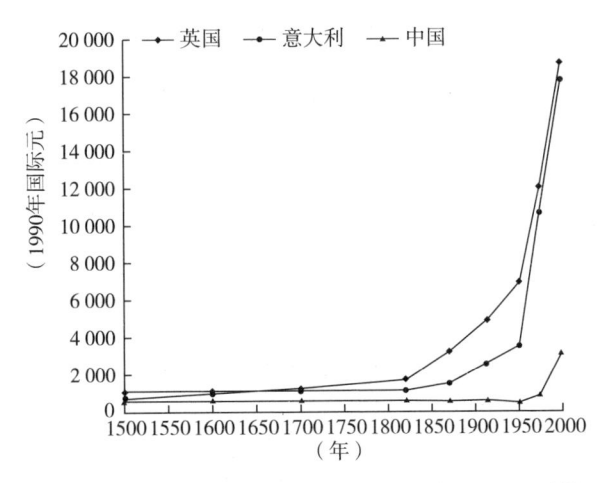

图2.2　1500—2006年中国、意大利和英国的人均GDP比较

资料来源：根据如下数据绘制：Angus Maddison, *The World Economy: A Millennial Perspective,* Paris: OECD, 2001, p. 264。

那么，是什么导致了这个真正革命性时代的出现以及这个时代生产率前所未有的爆炸式增长？不同的经济史学家给出的解释截然不同，这个事实恰恰证明，对于这个问题不可能只有一个答案。但显而易见的是，一个关键因素是诸如蒸汽机、铁路和电力等突破性发明的涌现，以及诸如合同法、专利制度和法治等制度创新的登场。这些变化极大地增强了对创新企业家的激励，而这些创新企业家又确保了发明能够得到有效的利用。此外，正如伟大的经济学家约瑟夫·熊彼特强调过的，工商企业之间的竞争已经达到了这样的程度，使得用来对抗竞争对手的主要武器即新产品和新工艺本身也变成了创新。在这样的环境下，没有一家企业敢于在创新竞赛中落后，因为对落后者的惩罚往往是企业的消亡。

由此，我们可以得出如下几个结论：首先，因为在工业革命之前，整个经济的生产率几乎没有提高，而且在任何特定的行业中很可能也没有出现过太多的提高，所以没有任何行业是迅速领先或远远落后的。恰恰相反，可能几乎没有任何一个行业的生产率平均增速显著大于零。因此，所有这些行业的相对成本差异很可能几乎从来没有扩大过，从而没有什么产品会受到严重成本病的困扰。

奖励发明家和创新企业家的制度尚未出现，这个事实无疑有助于解释1500—1800年间经济增长乏力的原因，而且在这段时期之前的大部分历史阶段可能也是如此。但是未来又会怎样呢？在21世纪剩下的时间里以及以后，会出现什么新情况吗？在这方面，我们肯定需要慎之又慎，因为正如我们所知，经济学家也许有能力预测任何事情，但就是预测不到未来。尽管如此，半个多世纪以来的数据有力地表明，成本病不是一种短暂的现象。工商企业之间白热化的"军备竞赛"，特别是在高科技经济部门内部，意味着管理方面的创新也不能落后，劳动节约型创新将在相对容易实施的行业中不断涌现。所以我们可以预期，在可预见的未来，这种成本病会一直伴随着我们，这是一种我们无法治愈的"疾病"。

从长期的历史视角看，很显然，一个实际成本持续上升的经济部门，是与另一个成本模式截然不同的重要部门交织在一起的，在后面这个部门中，实际成本永远在下降，因为市场力量推动生产率以高于平均水平的速度提高，你不可能只想要其中一个部门而不要另一个部门，这样一来，似乎应该可以给"成本问题"这个故事带来一个至少部分圆满的结局。然而不幸的是,这个前景其实并不像看上去那么美好。在接下来的三章中,我们将会看到,悖谬的是,停滞部门的成本持续上升并不像它们初看上去那样是一个严重的威胁,同时进步部门的成本不断下降也并不是纯粹的祝福。

第三章

未来已来

> 长寿自有长寿的道理。
> ——马丁·路德·金（"I See the Promised Land"，1968年4月3日）

构成成本病的实际成本（经通胀调整后）不断上升是持久而又剧烈的，但是它们并不能迫使我们放弃习惯的消费模式。恰恰相反，成本病的另一面是整体经济生产率的不断提高。这意味着我们负担得起医疗保健、教育和其他个人服务，尽管这些服务的成本一直在（令人不安地）不断上升。事实上，哪怕我们消费的这些服务数量稳步增长，我们也负担得起。

然而，这样说并不意味着社会不会受成本病的困扰。多年来，我们的总体生活水平有了很大的提高，物质财富也成倍地增加。但是我们的社会则经历了公共和私人服务质量下降的痛苦过程，有人说是因为这些服务的成本不断上升，以及由此导致的为了减少预算压力而不得不削减就业岗位。随着工人工资的提高（不仅在美国，而且在全世界都是如此），街道和地铁却变得越来越脏乱差，公共汽车、火车和邮政服务都遭到了大幅削减。[1] 举例来说，在19世纪中期，对于住在伦敦郊区的居民来说，每个工作日邮递员会送12次邮件，甚至在星期天也会送一次。但是到了今天，英国皇家邮政每天只派送一次邮件，而且其他服务的质量也在不断下降。

类似地，私人经营的服务业的质量也有所下降。过去，消费者要与银行、医院或公用事业公司的人交谈，根本不需要先回答一系列由机器提出的问题，而只需按下一个按钮就可以直接说话了。我们似乎正朝着这样一个方向在行进：要获得个人服务，需要花费更多的金钱和时间，而且这种支出在个人和政府预算中所占的份额也越来越大。[2]

"自己动手"（DIY）的全面胜利

企业家一方面要推出能够激发消费者需求的产品或至少与竞争者保持同步，另一方面还要搜寻降低成本的方法。后面这个目标对于会受到成本病影响的产品或服务来说尤为迫切。要实现这个目标，有一种显而易见且普遍适用的方法：可以对产品进行一些改进，以便减少提供该产品所需的劳动投入，从而避免相应的工资支出。而要做到这一点，最简单的方法是将部分所需的劳动从供应商那里转移到消费者那里。从本质上说，这个策略正是当今市面上可见的众多产品和服务都强调"自己动手"的逻辑出发点。从其实际效果来说，企业家要求技术人员不断改进产品的设计，将产品发挥其功能所需的那部分劳动简化至可以由消费者自己来完成。

例如，在各个发达国家，由于女佣和男管家几乎全都消失了，我们大多数人都自己打扫卫生并做其他家务。[3] 在大约60年前，当我获得第一份教职时，也只有很少人从事这两种职业，但是我当时的许多老同事以前都曾经雇用过女佣，哪怕当时他们只是助理教授。到了今天，即便是那些仍然在雇用女佣和男管家的人，从后者那里得到的帮助也比前几代人少得多。有一次，我以前的一位教授和他的妻子住在我家的时候，他们收到了另一位以前的学生发来的午餐邀请。这位学生是全世界最富有的人之一，他派了一辆专车来接他们去用餐，但是当他们结束午餐后回来时，主人不得不亲自开车送他们，他解释说，那天下午司机休息。

许多其他的个人服务现在也都被归入了"自己动手"的范畴。直到20世纪60年代前后，送奶工还会挨家挨户递送乳制品。在第二次世界大战之前，类似的职业还有送冰工，因为当时电冰箱仍然很罕见。在那个年代，当你不幸被疾病击倒，医生会带着一只医药箱上门看诊。而且，在那个年代，人们很少会去办公室见其他人，除非是为了例行检查。而到了今天，我们会自己从商店购买牛奶和冰块，然后储存在冰箱里。医生上门看诊当然也基本消失了，病人通常要到医生的诊所或医院的急诊室接受治疗。

但是对一位学者来说，最大的变化可能是秘书的消失。在我职业生涯的早期，当我要写论文时，我会先手写，然后交给一个秘书，她会用复写纸打印出几份来。不管秘书有多聪明，她的打字技术有多高超，要想"破译"一位教授的笔迹，将那些晦涩难懂的"象形文字"用打字机打出来并修改好，往往需要花上三周以上的时间。一直到20世纪80年代，当我被任命为一个向同事分配研究经费的委员会的负责人时，我发现，大多数申请经费的人都会列出大约1万美元的费用用于聘请秘书和研究助理。我突然想到，我们其实还有另一个可行的方案：我们可以让每个申请人在聘请助手和配置一台新电脑之间做出选择。结果所有申请人都选择了电脑，从而为我们的每一笔资助节约了大约7 000美元。

然而，也许最引人注目的变化是可拆卸产品的出现。你买了这种产品后，销售者会用一个印着类似"很容易自行组装"字样的大纸箱子把产品寄给你。我这个年纪的大多数人都很害怕这类产品的组装过程。我们知道，当我们陷入了产品裂开、没有装对或某个零件不见了等各种各样的"死胡同"，不得不向子孙辈求助时，这种耻辱感可能会吞噬一个或更多个本可以开心度过的日子。

"用过即弃"社会

许多人经常抱怨美国公民缺乏社会良知，而这方面的一个极端表现是美国几乎是一个"用过即弃"的一次性社会。在这样的社会中，我们会把功能基本完全正常、只是出了一点小问题（比如，有个小零件坏了，或者电池耗尽了）但仍然有价值的产品直接一扔了之。这不仅仅是对产品本身的浪费，而且还加大了社会处理废弃物的难度，进而导致污染问题。

然而，对于一次性产品的这种观念在很大程度上只是一种误解。举个例子，我父亲有一只镶金怀表，那是1915年出厂的沃尔瑟姆牌手表，我现在仍然保存着它。这是一台非常漂亮的机器，但是为了让这只怀表走得准确，我父亲每年都要花10美元清洗一次。任何曾经拆解过这样一块怀表，清洗好零件，然后将它重新组装起来的人都知道（我自己也曾经尝试过几次，有一次甚至成功地完成了），这需要几个小时的熟练劳动。到了今天，要对这只怀表做一次同样彻底的清洁工作，包括手工拆卸和组装，则必须付出几百美元了。确实，一些手表爱好者今天仍然在继续这样做，但是我自己现在用的手表价格不到7美元，而且用了三年多没有修过一次，仍然非常准。等到它的电池耗尽时（这当然是不可避免的），买一只新手表来替换它无疑是非常合理的。

当然，事情并非一直是这样的。直到18世纪末，纸张还非常昂贵，橡皮擦也没有发明出来，当时许多人是在用象牙制成的扇形小册子上写笔记的。这种小册子上的字迹可以用湿抹布擦掉，因此可以重复使用。杰弗森就用过一本，而富兰克林则既是这种象牙制小册子的卖家，也是它的使用者。[4] 与此同时，少数能买得起纸的幸运儿则通常会用新鲜面包擦去纸上的字迹，然后重复使用。在16世纪，以发明"可擦纸"为目标的实验比比皆是。又如，当时出现了这样一种"桌书"（table book），其扉页上的文字宣称，对于使用者在上面写的东西，"你用手指蘸点水就可以擦掉；而且，当你用坏了（可擦掉的表面），以至于你不能再在上面写字时，你可以花一点钱请羊皮纸制造者简·塞弗斯松（Jan

Severszoon）来修复它，然后你就可以继续在上面写字了，就像全新的一样"。[5]

关键要点在于，产品的保养和维修本质上是抵制自动化的。各种各样的原因都可能损坏机械表。正如医生必须逐个检查病人以确定他们患了什么疾病一样，修理古董表或自来水笔的匠人也必须亲自拆开来检查。一般而言，对于一件大批量生产的商品，当它坏了的时候，安排一个人以手工方式修好它实在是过于昂贵了。直接把它扔掉，买一个同样以大批量形式生产出来的替代品通常是更划算的选择。

类似地，成本病分析还引导我们做出这样的预期：在流水线上大批量生产出来的汽车的成本增速，肯定比以手工形式修理汽车的成本增速低得多，因为后者通常需要逐项检查并对发现的每个问题单独处理。当然，现实中的事物并不一定总是与理论相符。[6] 早期的数据似乎证实了上面这个预测，但是我必须承认最近的数据并不一定如此。

然而，汽车保险业似乎确实呈现了我们预测的模式。图3.1显示了30年来汽车修理费用和汽车保险费用的相关数据（与CPI相比较）。从图中明显可以看出，汽车保险的成本增长率显著高于经济的整体通胀率，尽管汽车维修成本的增长率并没有显著高于通胀率。这是因为汽车保险不仅要覆盖汽车修理费用（汽车修理不能完全自动化，因此仍然是一项劳动密集型的工作），还要包括事故受害者的医疗费用，后者意味着要对身体进行"修理"，由于每个人的身体不可能是同质的，所以这也是几乎不可能标准化的。

第三章　未来已来　　39

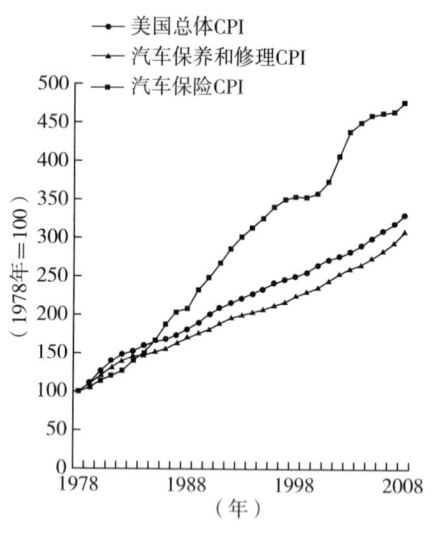

图3.1 1978—2008年美国汽车保养和修理、汽车保险与总体CPI的比较
资料来源：基于美国劳工统计局的数据绘制。

自动化革命和"自己动手"的激励

个人服务业成本的上升激励了劳动节约型创新，许多创新都是用来将劳动密集型的付费服务转变为让消费者"自己动手"的活动，而且通常会使除了极其富有的人之外的所有人几乎都没有别的选择。现在，每个中产阶级家庭的厨房里都有各种各样在古代人看来魔法般的神奇机器，如洗碗机、水槽垃圾处理机、自动烤面包机等等，它们的实际用途其实是替代了以往家里雇用的厨师。同样，在家庭之外，你也可以找到许多类似的例子。比如，自动柜员机（ATM）就是设计成让消费者自己完成以往由银行出纳完成的工作。这项发明还有一个明显会令消费者不悦的地方，那就是，在有些情况下，银行还要对使用自动柜员机的消费者收费，也就是说，银行储户需要付费才能"享受到"存取现金的权利！

另一个同样明显但更加复杂的例子是电梯操作员这个职业的逐渐消失。有趣的是，这种职业还没有完全消失。有些地方仍然在留用电梯操作员，那是凡勃伦所说的"炫耀性浪费"[7]的一个例子，也就是说，进行这种消费主要是为了向外界表明，花这种钱的人负担得起这种"毫无用处"的支出。一些非常优雅的高端酒店，为了宣扬自己的奢华，继续保留了穿着制服、戴着漂亮手套的电梯操作员，这些人的工作只是伸手按一下电梯按钮而已。

为了与成本病作斗争，报纸的生产也进行了一些调整。报纸的排版早就不再是手工完成的，甚至连莱诺排字机也已经不再使用了。今天，随着排版程序和激光打印机的出现，排版和校对的劳动强度已经大大降低。然而尽管如此，新闻报道和写作仍然在抵制自动化，因而其成本一直在持续上升，这一点在《纽约时报》的价格上得到了明显的体现。一份《纽约时报》的价格，从20世纪20年代的大约2美分（以货币面值计算），飙升到了（本书撰写时）工作日版的2美元和周日版的5美元。不过令人惊讶的是，当把这种价格上涨转化为年均涨幅之后，其实是低于通胀率的。

自动化正在向各个领域扩张，有些时候听起来就像科幻小说。医疗保健领域就提供了许多令人震惊的例子。在美国哲学学会2003年年会上，一位与会者描述过一个后来变得很出名的例子，它涉及机器人技术和X射线技术。[8]病人要接受一种升级版的放射检查，这种检查与通常的计算机断层扫描相比要复杂得多。检查的输出就像一张

第三章 未来已来

信用卡，里面包含了一大堆病人的脏器的X光照片，一层一层的，从皮肤到骨骼都不漏过。如果病人需要动手术，就可以交由机器人来完成。手术机器人要完成的手术任务由计算机预先编程好，并根据那张"信用卡"上的照片进行操作。为了确保机器人正确操作，可以让机器人先完成几个"预备"手术。同时，手术过程中要有外科医生在场，但是他们只有在紧急情况下才会提供帮助。这种机器人手术已经在活体病人身上进行过多次试验，而且至少有一个病人是远离负责监督的人类外科医生的。在这个例子中，最主要的目的显然不是节约人力，而是为身在偏远地区的病人提供医疗服务。这个例子很好地说明了，为了节约劳动力，人们的想象力多么丰富！

生产率的提高与停滞的服务业的存活

我们这里仅仅描述了对未来的一瞥，但是它已经足以表明，尽管其中有些服务的供给量并没有减少，如医疗保健和教育，但成本病正在改变个人服务的提供方式。"自己动手"规程和"用后即弃"的一次性产品，只是这个新现实的其中两个例子。

然而，成本病提出的其中一个问题恰恰就在于，我们是不是会看到某些商品和服务的需求和供给将减少。正如我们已经看到的，生产率提高确保了工资和人均收入将会继续上升，从而使大多数商品和服务相对于消费者的购买力显得更加便宜。[9] 这个事实意味着，这些商品和服务我们不仅现在负担得起，而且未来当这些商品的数量不断增加、质量不断提高时也同样负担得起，尽管它们的成本一直在不断上升。因此，我们没有必要考虑削减医疗保健、教育或表演艺术方面的开支。在这一点上，未来也早就已经与我们同在了。

表3.1 样本国家1980年和2000年的预期寿命

国家	1980年（岁）	2000年（岁）	增长幅度（%）
意大利	74.0	80.0	8.1
德国	72.9	78.2	7.3
日本	76.1	81.2	6.7
法国	74.3	79.2	6.6
英国	73.2	77.9	6.4
加拿大	75.3	79.3	5.3
美国	73.7	76.8	4.2

资料来源：基于美国劳工统计局的数据制成。

表3.2 样本国家1985年和2005年（18~21岁年轻人）高等教育入学率比较

国家	1985年（%）	2005年（%）	增长幅度（%）
荷兰	14	29	107
法国	19	36	89
英国	15	28	87
比利时	25	43	72
德国	9	13	44
美国	37	45	22

资料来源：National Center for Education Statistics, *Digest of Education Statistics: 2008 Tables and Figures*, Table 401: Percentage of Population Enrolled in Secondary and Postsecondary Education, by Age Group and Country, http:// nces .ed .gov；德国1985年的数据其实是联邦德国的数据。

第三章 未来已来

表3.1和表3.2很明确地说明了这一点。从表中可以看出，尽管医疗保健和教育的成本一直在稳步上升[10]，但是近几十年来，世界许多地方的医疗保健服务质量和获得医疗保健服务的机会也一直在稳步大幅改善，同时中等教育和高等教育也变得更加普及了。

尽管成本病对某些个人服务构成了一定限制，如家庭用人劳动服务和秘书助理服务，但是这种限制并不适用于医疗保健和教育服务，在这些领域，需求不但可以在成本上升时继续保持强劲，而且在不断提高的生产率提高了消费者的购买力时甚至还会扩大。[11] 因此，尽管出现了成本的急剧上升以及随之而来的数量和质量下降（后者是由于对成本急剧上升的不当反应所致），但是我们在未来仍然有望获得更多更好的医疗保健、教育和警察保护服务（在此仅举三个最关键的停滞部门的服务）。简而言之，尽管它们的成本在不断上升，我们的社会仍有能力扩大对这些服务的消费。因此，这并不是与成本病相关的最终不可避免的真正危险。

第四章

是的，我们负担得起

> 如果几乎每种商品的单位劳动产量都在增加，而没有任何一种商品的单位劳动产量在减少，那么就可以提供更多的东西供公众消费。
>
> ——威廉·鲍莫尔（"Sixth Tautology"，未出版）

我们在第三章中阐明了，成本病已经使我们的生活方式发生了深刻变化。在未来，如果成本病仍将继续影响经济运行，那么影响可能会更加深远。随着整体生产率的持续提高，普通家庭应该可以继续享受丰富的商品和服务，但是，如果政府反应失当，民众能享受的公共服务也可能受到巨大的冲击，比如，垃圾清理不再及时；医生、教师和警察提供的服务可能会变得更加自动化和非个人化；

---

* 本章的部分内容，包括图 4.1，都是基于笔者之前的著作：*The Microtheory of Innovative Entrepreneurship* (Princeton, N.J.: Princeton University Press, 2010)。

同时艺术和工艺则可能越来越多地只能由业余爱好者提供，因为这些领域的专业服务的成本可能会变得过高。在这种情况下，人们可能会开始质疑物质产品供给的爆炸式增长是否真的提高了他们的生活质量。

然而，成本病并不意味着这种黯淡的未来是不可避免的。要弄清楚原委，我们首先必须明白，悖谬的是，问题的根源就在于劳动生产率的提高，或者更确切地说，在于劳动生产率的提高不均匀。清理垃圾的成本之所以会上升，不是因为环卫工人的效率降低了，而是因为制造一台计算机所需的劳动力减少了，同时该行业（以及其他行业）的工资则在继续攀升。尽管环卫工人的生产率几乎没有怎么提高，但是他们的工资却必须提高，这样才能让他们继续从事垃圾清理工作，否则他们就可能会被诱导加入装配计算机的流水线。因此，是某些经济部门的生产率提高以及随之而来的工资增长，提高了垃圾清理和其他个人服务的成本。

不过，尽管存在这一趋势，生产率提高并不会使一个经济体变得无法负担以往一直可以负担的东西。生产率提高只会使一个社会更加富有，而不是更加贫穷，同时使该社会负担得起更多的东西，如电视、电动牙刷、手机，以及医疗保健、教育和其他服务。[1] 鉴于整体生产率的提高速度仍高于个人服务成本的提高速度，这种结果是非常有可能出现的。

但是，仅仅依靠生产率提高并不能解决我们所有的经济问题。工人如果不具备高技能，那就很难指望工资的增长与整体生产率的提高或医疗和教育成本的上升保持同步；失业者也同样如此。出于遏制不平等的考虑，国家必须向那些负担不起这些服务的人提供这些服务。[2] 然而，政府要提供这些服务就必须筹集所需的资金，由此而增加的税收又会带来其他政治和经济后果。

前所未有的生产率提高：过去、现在和未来

泛泛地声称全球经济的生产率一直在提高是有误导性的，这不是因为这种说法是错误的，而是因为它未能清晰地说明经济的增长是何等惊人，正因为这种增长是如此令人震惊且前所未有，以至于我们会发现它有点难以理解。下面的图4.1读者可能会觉得熟悉，因为它其实已经在第二章中出现过了。这幅图显示的是1500—2000年中国、意大利和英国以人均GDP衡量的生产率提高的情况。在这幅图中，我略去了美国，原因很明显，因为美国的记录无法追溯到1500年。我之所以要把意大利包括进来，是因为它在文艺复兴时期的繁荣可以用来进行很有启发的比较分析。另外，之所以要把中国包括在内，是因为数据表明，它的总体经济增长在经历了长达16个世纪的慢吞吞的前奏之后，在20世纪谱写了辉煌的篇章，那是除了英国19世纪工业革命之外任何地方的经济增长都无法比拟的。

根据当前可得的最优估计结果，从公元476年罗马帝国灭亡到美国独立战争，在这整整13个世纪的时间里，全世界范围内每个工人的平均产出几乎没有增长。事实上，罗马帝国灭亡后，人均产出可能一直是下降的，直到大约10世纪才开始以几乎难以察觉的

速度缓慢上升。虽然图4.1没有包括1500年以前的数据，但是它确实描绘了一个关键时代，当时文艺复兴在意大利已经取得成功，然后在亨利八世的领导下在英国开始。从1500年到18世纪中叶，意大利、英国和中国这三个国家的人均GDP几乎是持平的，这是一个蜗牛爬行般的缓慢发展时期。我们还看到，尽管意大利在银行业、布料制造业、商品销售业和其他领域取得了成就，但是在那个时代，意大利人的经济福利也只是比英国人稍微多了那么一丁点儿。但是很明显，从那个时期开始，改善的速度越来越快，直到这条曲线开始急剧上升，而中国在20世纪下半叶变得领先英国和意大利了，如图4.2所示。

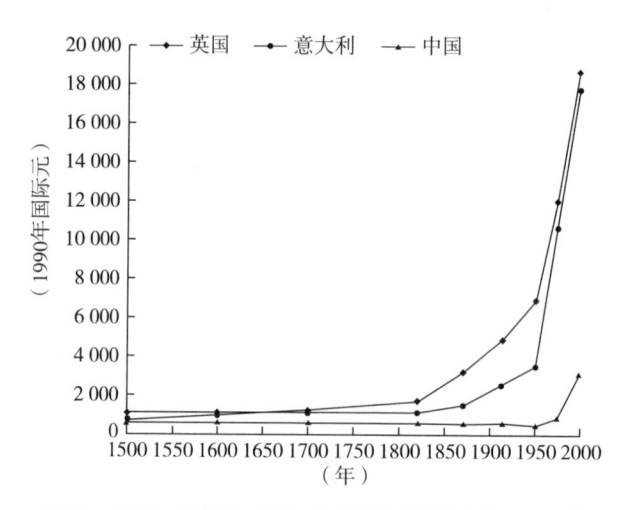

图4.1　1500—2006年中国、意大利和英国的人均GDP比较

资料来源：根据如下数据绘制：Angus Maddison, *The World Economy: A Millennial Perspective,* Paris: OECD, 2001, p. 264。

在这两幅图中，特别引人注目的是中国经济的表现。在20世纪下半叶之前，中国的经济增长状况一直非常糟糕，但是进入20世纪下半叶之后，中国的生产率出现了巨幅提高。[3]中国最近的爆炸性增长，与它前几个世纪的停滞形成了鲜明对比。在那之前的很长一段历史时期里，中国虽然出现了很多令人惊讶的发明，但是它们一直未能给中国带来与西方在过去三个世纪类似的增长。有人可能会说，尽管在中世纪，中国也有很多发明家，但是它的企业家却一直致力于在官僚机构中寻求职位，而不愿意从事工商业。近几十年来，中国的企业家精神转向了工商业部门，但是中国在发明创造领域的表现反而远不及早先那么令人惊叹了。

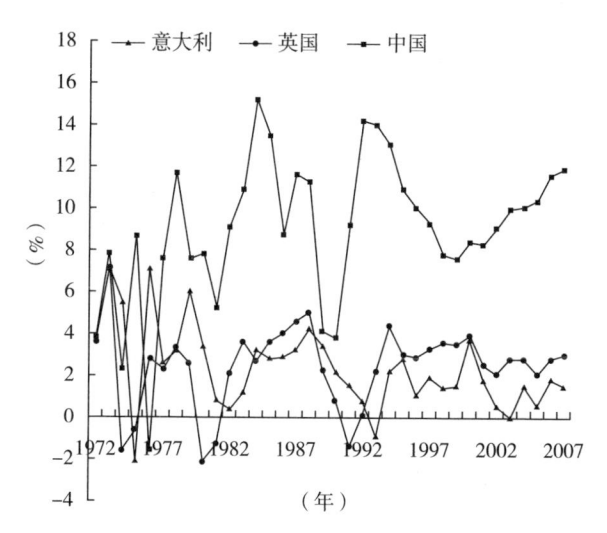

图4.2　1972—2007年中国、意大利和英国的实际GDP增长率

资料来源：基于如下数据绘制：*OECD Factbook 2009*, Economic, Environmental and Social Statistics, Paris: OECD。

至于进入20世纪的美国，最保守的估计表明，2010年美国的人均购买力大约是其一个世纪前的祖先的7倍。这也就意味着，生活在1900年前后的一个普通美国家庭只负担得起今天普通美国家庭享受的食物、衣服、住房和其他设施的1/7。[4]考虑到世界以往的经济表现，这种变化其实也是令人难以置信的。现在不妨想象一下，如果你的家庭收入中每7美元都不得不损失掉6美元，你的生活将会发生怎样的变化，这样也许就能很好地理解这种经济增长的重要性了。

但是，成本发生了什么变化呢？

我们还可以从另一个角度看待这一巨大的经济进步：研究我们需要工作多长时间才能挣得我们购买那些东西所需的收入。我们或许可以说，这才是衡量那些东西真正成本的最优标准。根据达拉斯联邦储备银行1997年发布的一份报告，在1919年，工人平均工作13分钟能挣到足够买一磅面包的钱，而到1997年，这个数字已经减少到了4分钟。[5]类似地，买一打鸡蛋所需的工作时间也从1919年的80分钟减少到了1997年的5分钟。[6]图4.3表明，在过去一个世纪里，购买各种食物所需的工作时间也在减少。

当然，食品并不是按这种标准衡量时价格大幅下降的唯一商品。在1910年，工作345小时才能购买一台厨房灶具，工作553小时才能购买一台洗衣机；而到了1997年，这两个数字分别减少到22和26小时。[7]1908年，购买一辆福特T型汽车需要工作4 696小时，而到了1997年，购买一辆福特金牛牌汽车只需要工作1 365小时就够了。[8]图4.4表明，购买各种电子设备所需的工作时间急剧减少是在更短的时间内发生的。

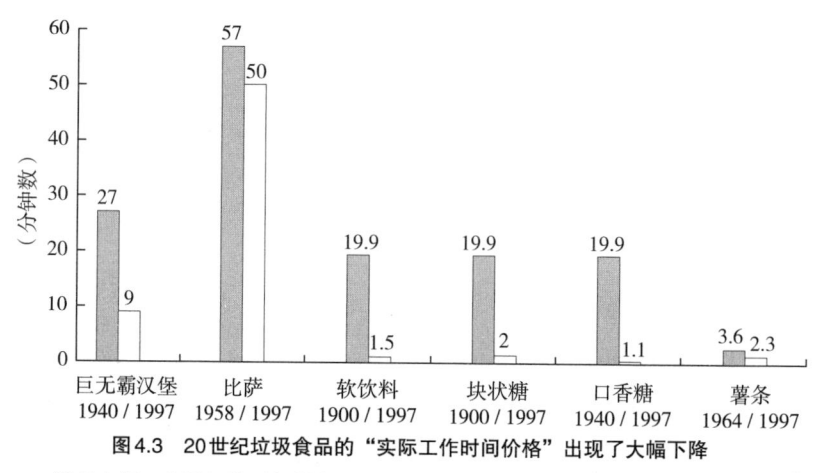

图4.3 20世纪垃圾食品的"实际工作时间价格"出现了大幅下降

（分钟数）

食品	早期	1997
巨无霸汉堡 1940/1997	27	9
比萨 1958/1997	57	50
软饮料 1900/1997	19.9	1.5
块状糖 1900/1997	19.9	2
口香糖 1940/1997	19.9	1.1
薯条 1964/1997	3.6	2.3

资料来源：本图经许可复制自：Baumol/Blinder. *Economics,* 12E. ©2011 South-Western, a part of Cengage Learning, Inc. www.cengage.com/permissions.

最引人注目的成本下降发生在计算机上。一台计算机的计算能力是用它在一秒时间内能处理多少百万条指令，即每秒百万指令数（MIPS）来衡量的。在1997年，以平均工资计算，一MIPS计算能力的成本大约为27分钟的劳动；在1984年，一MIPS计算能力需要52个小时的劳动；在1970年，成本为1.24个工人一生的劳动；而在1944年，成本更是高得令人难以置信，高达73.3万人一生的劳动。[9] 这里引用的数据是十多年前的，已经有点老旧了，但我没能找到任何关于这个主题的最新研究。尽管如此，我们仍然有充分的理由相信，无论以何种标准衡量，计算能力的价格都在持续大幅下跌。在1997年，你花1 000美元才能买到一台每秒执行3 300万次计算的计算机；而到2006年，你用1 000美元已经可以买到一台每秒运算2万亿次的计算机了，尽管2006年的1 000美元只能买到

第四章 是的，我们负担得起

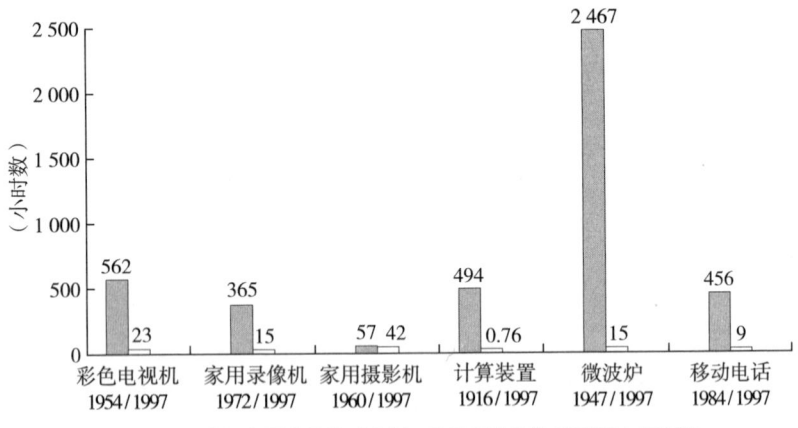

1997年用大约800美元就能买到的东西。[10]

图4.4 20世纪电子产品的"实际工作时间价格"出现了大幅下降

产品	早期年份小时数	1997年小时数
彩色电视机 1954/1997	562	23
家用录像机 1972/1997	365	15
家用摄影机 1960/1997	57	42
计算装置 1916/1997	494	0.76
微波炉 1947/1997	2 467	15
移动电话 1984/1997	456	9

资料来源：本图经许可复制自：Baumol/Blinder. *Economics*, 12E. ©2011 South-Western, a part of Cengage Learning, Inc. www.cengage.com/permissions.

生产率的不断提高意味着可以用越来越少的劳动生产出更多的商品，从而大大降低了消费者支付的价格，这种情况几乎发生在每一个行业。哪怕是那些看起来对生产率增长最"无感"的服务业也间接地参与了这一过程。我经常用莫扎特创作的弦乐四重奏这个例子来说明服务业对劳动要素减少的抗拒。但是，即便是像现场音乐表演这样的活动，也可以因所需花费的时间大为节约而受益。1790年，当莫扎特从维也纳出发前往法兰克福演出时，仅在路上就花了整整6天的时间，而且那是一段极不舒适的旅程。（然而，在当时，这已经被认为是相当快速的旅行了，莫扎特自己就曾经写道，他对旅行的速度感到惊讶。[11]）而在今天，同样的旅程只需要花费6个小时：1.5小时用于飞机飞行，4.5小时用于往返机场和完成其他准备工作。因此，同样的一场音乐演出所需的时间无疑明显减少了。

我们负担得起

随着我们可支配的购买力爆炸式地增长，我们甚至可以在不降低质量或数量的情况下，仍然负担得起成本急剧上涨的医疗保健和教育等服务。[12] 在图4.5、图4.6和图4.7中，我们通过外推表明，如果生产率继续以目前的速度提高，那么我们在医疗保健及其他产品和服务上的支出将会发生怎样的变化。[13] 结论是，在未来的世界里，我们可以拥有更多这些商品和服务。到2105年，我们的消费量将会增长大约700%，从而使我们的生活更加富足。

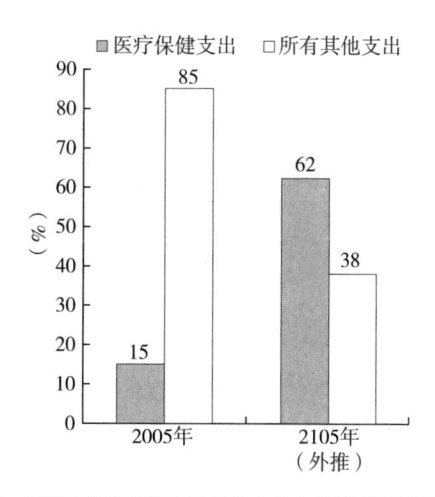

图4.5 医疗保健支出和所有其他支出占美国GDP的百分比

注：2005年为实际值，2105年为外推值。

资料来源：根据如下数据绘制：*OECD in Figures 2007*, Health Spending and Resources, Paris: OECD, pp. 8-9。

就我们要承担的成本而言,唯一改变的是我们将会如何在这些项目之间分配我们的资金。由于按实际美元计算的制成品和农产品的价格一直在稳步下降,同时医疗保健和教育服务的价格却越来越高,所以我们将不得不增加用于后者的资金份额。两者的比例将会发生巨大的变化。图4.5中给出了对2005年到2105年商品和服务的相对支出份额的预测,为了便于比较,我让总支出保持不变,但是用于医疗保健的支出份额则从2005年占GDP的15%猛增到2105年的62%。[14]

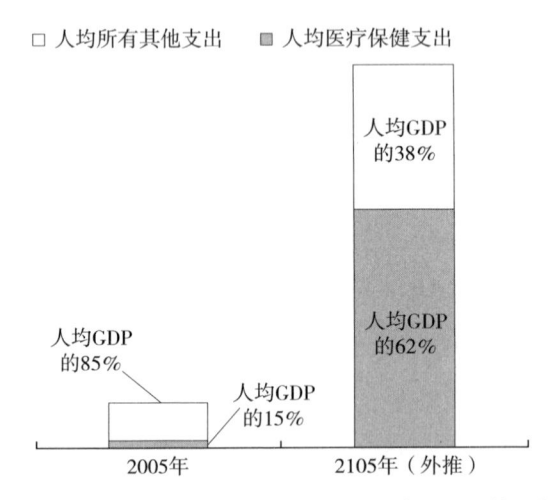

图4.6　医疗保健支出和所有其他支出占美国人均GDP的百分比

注:2005年为实际值,2105年为外推值。

资料来源:根据如下数据绘制:*OECD in Figures 2007,* Health Spending and Resources, Paris: OECD, pp. 8–9; Angus Maddison, *The World Economy: Historical Statistics,* Table 8c: World Per Capita GDP, 20 Countries and Regional Averages, 1–2001 A. D., Paris: OECD, 2003, p. 262。

尽管如此,由于产出增长如此之快,所以余下的可以用于其他产品和服务的购买力总量仍将大幅增加。图4.6表明,如果总体经济生产能够继续像20世纪那样增长，那么到2105年，人均总产出会增长8倍。

如图4.7所示，21世纪，医疗保健支出也将大幅增加。但是，尽管支出将会出现如此大幅度的提高，由于美国的总收入将增长8倍，所以用于购买其他所有产品和服务的数额也将大幅增长，即超过3.5倍。

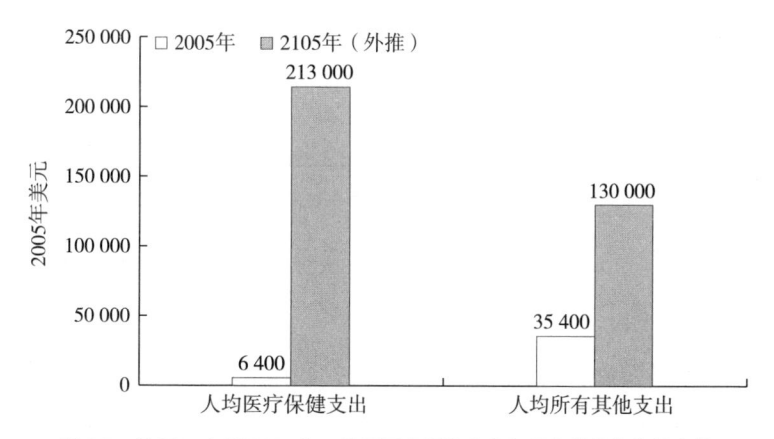

图4.7　从2005年到2105年，美国医疗保健支出和所有其他支出的变化

资料来源：根据如下数据绘制：*OECD in Figures 2007*, Health Spending and Resources, Paris: OECD, pp. 8－9; Angus Maddison, *The World Economy: Historical Statistics*, Table 8c: World Per Capita GDP, 20 Countries and Regional Averages, 1－2001 A. D., Paris: OECD, 2003, p. 262。

因此，从总体上说，我们将会变得更加富有，尽管医疗保健成本大幅增加，但是我们还是负担得起在其他所有商品和服务上的更多支出。在第一章中，我们描述成本病的方式，似乎让它成了人们对未来悲观和担忧的一个原因，但是现在我们证明，它只会影响我们分配支出的方式。成本病并不会迫使我们减少购买的数量。因此，在不增加工作时间的情况下，我们的生活水平就能得到极大的提高。

为什么我们负担得起这一切：这不是历史偶然

我在上面已经用统计数据证明，在目前的经济状况下，医疗保健和教育等服务的成本上升，不会导致大多数消费者无法负担，尽管穷人如果无法获得某种形式的援助，仍然可能享受不到这种福利。但是，这种可负担性仅仅是最近历史进程中的一个偶然吗？生产率和成本有没有可能会在未来的某个时期（也许很快）变得与今天截然不同，以至于迫使消费者放弃这些有益的服务？这个问题的答案是否定的。

原因很简单。在全世界"消费者共同体"中，如果有人花掉了1美元，那么就一定有别的人赚到了那1美元。因此，如果这个共同体的成员决定买下所有部门生产出来的所有商品（服务），那么即便他们必须乞讨或借贷才能筹措到必要的资金，这个共同体的全体成员也能自动获得这种购买所需的资金。（当然，不幸的是，穷人在经济产出中所占的份额往往可能要小得多，但是他们的购买力不足必定会由富人的丰厚收入来抵消。）

尽管这看起来像是专业魔术师制造的幻象，但其实只是销售过程中一个不可避免的特征，而且无论何种产品的成本上升得多快（或多慢），这都是不变的事实。因此，本章提供的统计证据不能归因于某些反常的情况。停滞部门产品的成本上升，永远不会使作为一个整体的消费者群体无力购买它们。

因此，这个事实的含义非常清晰。我们肯定负担得起汽车和计算机，也负担得起医疗保健和教育。在未来，我们能够获得的受成本病影响的服务的数量和质量，将取决于我们对优先事项的排序。如果我们非常重视某种服务，我们就能获得更多更好的这种服务，但是，这要求我们在制成品消费的增长速度上做出一些牺牲。社会确实有选择的权利，但是如果我们不采取切实有效的措施实打实地行使这项权利，那么我们的经济就会不断地滑向这样一个世界：物质产品非常丰富，但是高质量生活的许多必需品变得非常匮乏（尤其是对穷人来说）。

生产率提高会继续加速吗？

这不仅仅是一个关于如何进行核算的故事。更重要的问题是，世界各国，无论是工业化国家还是正在快速发展的国家的生产率是否仍然能够像近几个世纪以来那样继续提高。自由市场的发展创造了一种环境，它能够推动私人企业不断将资金和精力投入促进生产率提高的创新。在另一本书中，我把这种制度安排称为"自由市场创新机器"。[15] 这个故事的主角是那些巨大的寡头垄断公司，在美国，自19世纪以来，这些公司的研发支出极其巨大，占到了私人部门的70%左右。在描述高科技行业寡头企业的研发活动时，我们完全可以用"军备竞赛"来类比。[16] 著名经济学家约瑟夫·熊彼特对创新和企业家精神等问题进行了广泛而深入的研究，与他的理论推测一致，这些企业现在已经把定价和广告当作竞争"大战"中的次要武器。[17] 首要武器变成了新产品或经改进的产品，而且一定要赶在竞争对手之前向市场推出更具吸引力的替代产品。没有一家企业敢在这场创造新的、更好的产品的竞赛中落后，因为这种失败只要重复几次就可能是致命的。刘易斯·卡罗尔在他的《爱丽丝镜中奇遇记》中描写了一个角色红皇后，她只是想要保持在原地不动，就不得不尽可能快地奔跑。[18] 同样，这些企业也必须不断推出新产品，以保持其原有的市场地位。这个"红皇后博弈"刻画了发达经济体的一个关键性质，有助于解释它们不断涌现的创新。企业的生存是比金钱奖励更强大的激励，因为金钱奖励可能会让成功的企业躺在他们的荣誉本上，然后从进一步的创新活动中退出。但是，创新"军备竞赛"容不下半刻松懈。

"红皇后博弈"是由寡头竞争自动引入的。寡头竞争是少数几家大公司之间的竞争，许多行业都是由这样的大公司支配的，这是市场正常运转的一部分。持续、大额的研发再投资（无论是在内部进行还是在外部进行），是任何有竞争力的大型高科技公司都无法避免的。事实上，如果不进行持续、大额的研发再投资，那么它就将无法生存。"红皇后博弈"能够确保这些高科技公司不得不继续投资于能够推动生产率提高的创新。因此，似乎没有什么理由担心生产率的提高在不久的将来就会放缓。因为更高的生产率显然意味着更多的财富和更大的购买力，"红皇后博弈"提供了另一个理由，让我们乐观地预期，工业化国家的消费者未来仍然负担得起足够多的产品和服务,即便它们的成本在迅速上升。

增长的另一个来源

在研发方面投入大量资金的巨头公司并非完全由自己承担提高生产率的重担。[19] 经济中的许多创新活动其实来自另一个群体,即个人发明家和企业家,近几个世纪以来的许多突破性发明就是由他们创造的。[20] 事实上,我在上一节描述的许多大型企业的研发活动,主要致力于在这些独立发明家和企业家业已实现的突破的基础上进行改进,因为后者经常将自己的发明出售或出租给更大的企业。

这也就引出了另一个重要的问题:我们能不能继续乐观地预期发明家和企业家的"供给"在未来仍然会持续不断?在早期人类社会中,都曾出现过大量发明。例如,古罗马人很可能在蒸汽时代到来很久之前就发明了水磨(水力是无生命动力的主要来源)。早在公元1世纪,古罗马人就发明了一台能运行的蒸汽机。在中世纪,中国人不仅发明了火药和指南针(通常认为这两项发明要归功于中国人,但也有不同意见),还发明了纸张、印刷术、纺车、扑克牌、精致的钟表等等。然而,这些发明基本上都没有得到广泛的生产性应用,究其原因,大体上可以说是因为古罗马和古代中国的企业家尽管原本也可以把这些发明推向市场,但是他们却一直忙于从事其他工作。在古罗马,那些有企业家精神的人把精力集中在支持和开展军事活动上,而在中世纪的中国,即便是最有企业家精神的那些人也似乎把精力主要集中在通过科举考试和在政府或执法部门获得一官半职上，以便通过接受贿赂积累财富。

因此，我们有充分的理由得出这样一个结论：企业家精神在创新中发挥着至关重要的作用。也正因为如此，特别重要的是，我们要研究到底是什么决定了生产性创业活动的长期供给，而不是像在古罗马和中世纪的中国那样，即使存在"创业"活动，也是非生产性的，甚至是破坏性的。说到底，私人雇佣军和贩毒集团也同样需要由"企业家"创办，而且这些组织的活动肯定是有回报的，尽管它们更有可能损害而不是提高经济产出。

在经济学文献中，许多经济学家断言，足够多的企业家供给能够刺激经济增长，反之企业家这种骨干力量的弱化则会成为经济增长的重大障碍。但是，企业家究竟是怎么出现的，又是怎么消失的，却成了一个不解之谜。有人认为这或许与文化有关，也可能与其他心理和社会因素的变化有关。但是，历史证据其实早就给出了一个完全称不上神奇的解释[21]：企业家既不会突然从什么地方冒出来，也不会莫名其妙地消失得无影无踪。相反，潜在的企业家，即那些有才华且雄心勃勃的人，其实一直就在我们身边，他们希望建立一家有望给自己带来丰厚利润的企业，无论是合法的还是非法的，只不过随着经济所能提供的回报结构的变化，他们会改变自己从事的活动，即他们会被吸引到那些最具回报前景的领域。而在此过程中，他们完全可能会在不同性质的两类活动之间切换：一类是通常认为体现了企业家精神的、需要创业才华的生产性活动，另一类是需要大量"创业"人才但可能不会促进商品和服务生产甚至反而可能阻碍生产的非生产性活动。一个例子是，就像技术变革导致大量工人和工程师从修建运河的工地转移到铁路建设现场，然后又转移到其他更现代化的企业一样，企业家也会根据不同职业的回报变化重新选择要从事的活动，由生产性企业家组成的群体就会随着他们的选择而扩大或者缩小。[22]

因此，创新和企业家精神是一种可以在生产性活动和非生产性活动之间重新配置的资源，会受到决定这两类活动的相对收益的激励机制的影响。在自由市场经济中，这些激励措施包括保护私有财产不被征用、执行合同、专利制度以及鼓励冒险的破产保护等。有了这些制度，独立发明家和创新企业家一旦"冒险"成功，就能获得收入和名声。由此可见，我们有理由对独立发明家和生产性企业家的持续供给持乐观态度。

结论很乐观，但要附带若干警告

如果我们预期人们的生产性创新活动会继续，那么成本病造成的最紧迫问题无非是个人服务的相对成本上升，以及由此导致的关于这类服务将不再负担得起的错觉。然而事实是，无论是进步部门还是停滞部门，都能够为我们带来更大的好处，尽管随着时间推移，停滞部门的产品将会变得相对昂贵。但是，即使这个合意的结果，也会带来困难和危险。

警告1：成本病会对穷人造成大得不成比例的影响

即便普通美国人有能力购买越来越多的商品和服务，但是这些商品和服务的实际成本会因成本病而提高，而且仍然有许多美国民众以及世界其他国家和地区的更多民众的收入远低于平均水平。我们知道，生产率不断提高虽然导致了成本病，但同时也使社会有能力通过提供更多的商品和服务在很大程度上减轻贫困的影响。然而，这种情况真的一定会发生吗？在美国，进步还远远没有达到"普惠世人"的程度。如图4.8所示，截至2007年，仍然有相当多的美国人没有参加医疗保险计划，因此他们往往难以支付医疗费用。很显然，在经济衰退时期，这个问题还要严重得多，因为那时失业的人将比平时多得多，而失业往往意味着失去医疗保险。据报

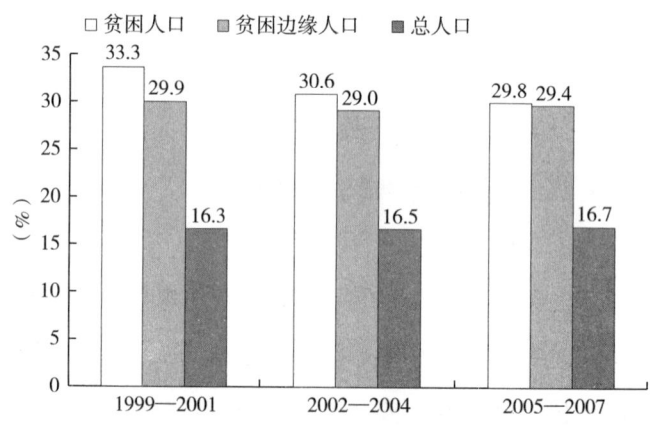

图4.8　1999—2007年65岁以下未参加医疗保险的美国公民占比

资料来源：基于如下数据绘制：Centers for Disease Control and Prevention, *Health Insurance and Access*（interactive report）, No Health Insurance under Age 65: U.S., 1999 - 2007（table）, 2007。

道,"2005年,在破产的美国家庭中,至少有一半是由医疗事故和灾难性的医疗支出导致的"。[23] 正如我们将在本书第七章中看到的,在低收入和中等收入国家,巨额的医疗费用也给比较贫困的民众带来了不成比例的巨大负担。在美国,尽管已经实施了医疗补助计划和奖学金等制度,但是不断上涨的医疗保健和教育成本仍然对美国穷人(甚至中产阶级)获得他们急需的这些服务构成了巨大障碍。

警告2:不明智的政府干预会把成本病变成更严重的问题

有人将成本病解释为市场定价行为失败的表现,这是错误的。正如标准经济学分析告诉我们的,市场定价行为能够确保每种商品的供给接近消费者需求的数量。在这种情况下,市场确实给出了适当的成本信号,准确地向市场参与者提供信息:提供受成本病影响的服务所需的劳动数量正在以远低于平均水平的速度下降,甚至可能根本没有下降。由此导致的结果是,与制成品相比,这些服务的成本持续上升,从而诱导消费者转而购买那些更容易生产出来的、成本更低的商品。为此陷入停滞的服务,就像从来没有停步却总是比别人跑得慢很多的跑者一样,永远无法在生产率竞赛中获胜。然而,尽管如此,正如我们在本章中已经看到的,购买力不断上升保证了即便服务成本不断上涨,公众作为整体也是负担得起的。但是公众和政府可能会误解这一点。毕竟,涉及的数字是非常惊人的。以美国为例,如果目前的趋势在21世纪一直持续,那么仅仅是医疗保健和教育方面的支出就会远远超过GDP的一半。这很可能会使人们觉得,迫切需要提出一个根本性的解决方案。

各种令人惊恐的预测数字，以及一路狂涨的预算需求，很可能会导致政府做出某些不能促进公共利益的决策。例如，由于医疗保健费用的增长率高于通胀率，如果我们想保持公立医院的医疗保健质量，那么很显然，医疗保健预算仅以相当于整个经济的通胀率的速度提高肯定是不够的。这方面的预算必须加快增长，不然的话，要么会加重私人为了获得这些服务的经济负担，要么会降低服务质量。假设当前的通胀率为4%，同时医院成本以每年6%的速度提高，那么决定每年增加5%的医院预算的政治机构肯定仍然会觉得不对劲，因为尽管预算稳步提高的速度超过了通胀率，但是医院提供的服务质量仍在不断下降。如果立法者未能意识到这个问题是由成本病导致的，他们就会寻找其他的解释，比如医院管理人员腐败或不称职。这种认识反过来又可能导致立法者制定更多不合理的规则，它们会不恰当地阻碍医院和医生的行动自由，或将医院预算压缩到市场力量决定的水平以下。

立法者经常建议对那些受成本病影响的经济部门加强成本控制，例如医疗服务和保险服务业，但是，成本控制往往会产生比成本病本身更严重的问题。正如我们在本书第一章中已经看到的，许多经济体都尝试过很多旨在控制医疗保健成本的方法，如加拿大、英国、德国以及其他国家，但是它们在控制成本增加方面并不比美国更成功。

在有些国家中，尽管它们的医疗保健体系以及用来控制成本的措施都曾经被吹捧为典范，但是我们发现了许多因成本控制而导致的问题。例如，非急诊手术可能会延误很长时间，有时甚至被完全取消。据报道，许多加拿大人不得不越过边境前往美国寻求治疗，目的只是避免在本国延误救治。[24] 在英国，截至2003年，至少有10%的人购买了昂贵的私人医疗保险，目的是绕过由政府管理的医疗保健体系，因为后者普遍存在着"排长队"的问题。[25]

这里的关键是，由于政客们不理解成本病的机制和性质，也由于他们面临着来自同样不了解内情的选民的政治压力，他们未能意识到，我们其实完全负担得起这些服务，而不必迫使社会经受不必要的削减、限制和其他形式的剥夺。

类似地，公众也可能会认为自己无力支付不断上涨的医疗费用。尽管人均收入增长早就使人们有能力支付上涨的医疗保健费用，但他们可能都不愿意修改家庭预算，当然，我们无法反驳这种偏好，因为任何人都有权决定如何支配自己的收入。但是，如果医疗保健的质量下降或数量缩减源于对公众真实支付能力的误解，那么，教育公众认识到这种误解当然就很重要，而这就引出了我们的下一个警告。

警告3：教育公众并非易事

我们首先要明白的一个重要问题是，帮助公众认识到成本病的现实与假象之间的区别本身就构成了一项艰巨的任务。例如，我们肯定很难让非专业人士相信（哪怕他们很聪明），尽管个人服务的成本似乎失去了控制，但是就挣到足够支付这些服务所需的劳动时间而言，它们的成本实际上是在下降的。在外行人看来，这种说法就像是统计学上的花招或理论上的胡言乱语。而且，如果产品质量同时也在提高，就更是如此了，例如，通过更有效的医疗服务，让人们更健康、更长寿。因为质量提高显然意味着我们花在特定服务上的钱使得我们得到了更多，而且很可能要多得多。

在向公众解释这一点时，难度不应该超出熟练的记者和其他专门从事有效沟通的人能够理解的程度。这是一项必须完成的任务，因为在任何一个民主社会，如果未能使公众认识到上面这些要点，那么政府重新调整预算以有效应对成本病的任何努力都会在政治上遭遇失败。[26]

警告4：公共部门占GDP的比重将大幅增加

本章在前面给出的外推结果表明，如果医疗保健、教育和其他具有类似成本特征的服务主要由政府提供，那么到2105年，美国GDP的60%以上都将通过公共部门完成"流动"，从而使其不受市场的约束。[27] 计划经济的经验表明，这肯定不是真正有前途的制度安排。让如此庞大体量的经济活动脱离私人企业部门，肯定会在很大程度上阻碍效率和经济增长。[28]

我们的政府部门还面临一项特别艰巨的任务，即提高政府收入，这是防止市政服务彻底崩溃必不可少的（现在市政服务实际上已经基本崩溃了）。就城市而言，政府预算的很大一部分由医疗保健、教育、警察保护、图书馆和其他服务支出组成，这些服务都难以避免成本病引发的费用增加。在21世纪，如果想保证这些服务的数量和质量不落后于农业和制造业，那么用于这些服务的支出就必须大幅增加。而且，即便完成了增加政府收入这项艰巨的政治任务，让经由政府而非私人渠道的GDP份额出现如此巨大的增长，也几乎肯定不是一个很有吸引力的前景。

警告5：私有化容易受到不明智的成本控制的影响

要求大幅扩大公共部门的项目，往往会遭到"必须更多地依赖私有化"呼吁的阻击。但是，仅凭私有化本身并不能解决成本病问题。对于将公立学校、警察保护和国防等私有化的主张，民众确实有很多很好的理由表示反对。例如，依靠私人军队会对自由构成严重威胁，而且这已经被许多历史例子证实了。

再者，任何一个受成本病困扰的、通过将公共服务私有化而来的私营企业，肯定也难免会受到贪污和渎职的怀疑。同时，在这种通过将公共服务私有化而来的企业中，要求控制成本的呼声在政治上是不可抗拒的。但是，如果成本上升是由个人服务和手工服务生产率的提高不可避免地会变缓造成的，那么成本控制就只能导致这些服务的质量下滑，甚至还可能更糟，即导致这些服务部分或全部消失。

在此必须再次强调，除了医疗保健和教育，成本病还影响了对良好的生活质量而言至关重要的许多其他服务，如现场表演艺术、图书馆、警察保护、餐馆（现在的许多餐馆中，劳动密集度最高的菜肴几乎全部消失了）以及对穷人的福利资助。如果我们不能设想出周详而适当的措施来解决成本病导致的问题，那么我们的社会就会日益陷入约翰·肯尼斯·加尔布雷斯（John Kenneth Galbraith）所说的"私人富足和公共赤贫"的困境。

警告6：成本不断上升的故事总的来说仍然可以让我们安心，除非……

尽管必须提出这么多警告，但是未来的图景总体上看仍然是令人安心的。生产率的普遍和持续提高，预示着我们无法想象的富足和美好的生活。只要我们稍做停留，想一想在每个中产阶级家庭都随处可见的各种各样的小玩意儿，想想它们在我们三四代人之前的祖先看来是多么不可思议，我们就会对未来的前景有模糊的乐观概念。正如我在前面提到过的，如果生产率在21世纪里以平均每年略高于2%的速度提高，那么一个普通美国人的购买力将能够增长8倍。要理解这意味着什么，一个方法是想象自己比现在富有8倍会怎样，除非你还有许多别的新花样来消耗这些财富，这对我们来说就像iPhone对卡尔文·柯立芝一样不可思议。

有人据此认为，有了如此丰富的资源，我们就能有效地解决世界贫困这样的所有问题了。但是这并不是百分之百可以保证的。特别是，这种做法忽视了笼罩在我们头上的可怕的非经济威胁，最突出的是气候变化和大规模杀伤性武器，以及不那么致命的管理不当（从私人企业的不当行为到错误的政府干预）。而且，我们将在本书后面的章节中看到，所有这些问题都很容易因成本病而加剧。

最后几个保留意见

在讨论成本病的真正有极大威胁的后果之前,我还必须立即对本章讲述的乐观故事提出几个更直接的保留意见。我在前面指出,生产率的普遍持续提高,我们的社会负担得起成本日益增加的个人服务,如医疗保健、教育、警察保护、戏剧、音乐和舞蹈表演,等等。这些服务包含的劳动成分无法减少,因而难以引入能够提高生产率的劳动节约型变革,导致了其相对成本持续上升。

这些服务的相对成本令人不安的上升不太可能很快就结束。无论采取何种补救措施来削减成本,其效果都将是微不足道的,你很难不会觉得失望。在全世界范围内,不少发达国家为减少医疗保健支出采取的许多政策无疑证实了这一点。此外,正如我们将在第七章中看到的,不断上升的医疗保健成本现在也日益困扰着快速发展的中等收入国家。为此,一些国家对医生的收入设定了上限;其他一些国家则限制了对患者可用的治疗方法。然而,这些发展中国家几乎也都未能阻止医疗保健成本的上升率超过通胀率。

这种普遍失败的根本原因在于医疗保健和其他个人服务的性质。这些行业根本不适合自动化或类似的劳动节约型改进。无论各种旨在削减医疗保健费用的努力出发点有多好,比如2010年初美国通过的具有里程碑意义的医疗保健法案,其目的就是将医疗保险覆盖范围扩大到当时没有医疗保险的数百万人,任何希望这些措施能够结束医疗服务成本不断上涨的想法都只能带来失望。

不过，医疗保健和其他个人服务的成本仍然在我们的负担能力之内，推动我们经济发展的创新很可能会继续下去，整个经济的生产率也将继续提高，从而使我们每个人都有能力支付医疗保健、教育和其他重要服务的费用。在今天这个严重的经济衰退时期写下这样一些话，很容易给读者留下"是不是过于天真了"的印象。然而，从长远看，竞争的力量将无情地推动创新前进，我们完全有理由预期生产率将继续以前所未有的速度提高。[29]

个人服务在未来将会扮演的角色取决于我们如何对优先事项进行排序。如果我们足够重视这些服务，那么我们就能以非常小的牺牲（如果确实需要做出牺牲的话）获得更多更好的服务。不过，这到底是不是一个好的选择，却不是只靠经济学家就能决定的。无论如何，作为一个社会，我们必须做出决定。如果我们做不到这一点，可能就会发现自己生活在一个物质产品极其丰富，但是维持高质量生活所需的服务持续恶化的世界里。

与表面情况相反，我们负担得起更充足的医疗保健、更优良的教育、对穷人更充分的支持，当然还有越来越多让个人生活更美好的舒适品和奢侈品。我们负担不起所有这些的看法，其实只是一种幻象。如果我们想有效地处理引发成本增加的财政问题，即成本不断增加反过来会导致服务削减，最终将导致越来越严重的"公共赤贫"，就必须消除这种幻象。这个结论乍听上去可能显得过于简单化，但是我们一定要认识到，只要未来生产率提高仍然与过去几十年相似（过去几十年来，生产率提高给美国和其他工业化国家带来了更好的医疗保健和更多的教育，尽管成本不断上升），那么伴随着生产率不断提高而出现的服务成本不断上升，显然没有表面上那么可怕。正如《华盛顿邮报》的一篇社论非常恰当地指出的："人们有时候会说，国家没有钱来处理内陆城市日益恶化的衰败。但是这种看法并不正确。我们这个国家有很多钱。真正的问题在于我们选择如何用这些钱。"[30] 也正因为如此，当已故参议员丹尼尔·帕特里克·莫伊尼汉把这种前景描述成基本乐观的预测而不是凄惨可悲的图景时，无疑是完全正确的。[31]

第五章

成本病的阴暗面
恐怖主义与环境破坏

> AK-47突击步枪是"世界上最高产、最有效的战斗武器,这种杀人机器非常便宜且容易获得;在许多国家,一支AK-47突击步枪的价格甚至还不如一只活鸡"。
>
> ——拉里·卡哈纳(Larry Kahaner,2008)

虽然我在前面一直致力于阐明,成本病带来的成本持续上升其实并不像它初看起来那样令人担忧,但是我也多次暗示,这种"疾病"还有其他一些更具威胁性的后果。而且悖谬的是,追根究底,这些危险的根源恰恰就在于成本病压低了某些产品的成本。在本章中,我将着重讨论成本病这一阴暗面的两个重要例子:军事武器和对环境的威胁。

更便宜并不一定总是更好

战争无疑是这样一种特殊活动：可以令第二优秀的战斗者受到最严厉的惩罚。在这种威胁的驱动下，世界各国的军备开支都极其可观（无论是为了自卫，还是为了侵略），包括无休止地寻找更强大的武器的费用。这种"一定要保持军备领先"的不屈不挠的努力带来了两个关键后果。首先，人类现在完全有能力以核毁灭的方式自杀。其次，军事技术的发展日新月异，导致大量威力强大且通常价格低廉的武器不断涌现。[1] 这些新出现的战争工具基本上都属于制成品，就像其他制成品一样，它们在生产过程中很适于劳动节约型创新。随着生产率的提高，制造这些武器的实际成本持续下降，许多武器的价格（比如AK-47突击步枪）也随之大幅下降。[2] 企业家们大力追求武器成本的不断降低，使得这些产品进入了成本病的进步部门。很显然，它们的成本持续下降带来的后果往往是对人类不利的。

我们不应该低估这些军事商品，即战争、恐怖主义和种族灭绝的工具所构成的威胁。这些武器的大量存在，无疑与它们的相对成本不断被成本病压低有关。与不断发生的暴力和政治动荡的威胁相比，医疗保健和教育费用不断增加的财政后果似乎也没有那么可怕，而武器成本的下降无疑加剧了这些威胁。

恐怖分子和游击队员已经用他们的行动证明，只要有效地加以利用，他们就可以凭借这些最基本的武器抗衡甚至反制各大国，

第五章 成本病的阴暗面　　73

尽管后者不仅拥有大量的人力物力（包括训练有素、高度组织化的部队和先进的最新装备），而且立场坚定。也许，这是历史上第一次，巨大的财富优势不再是军事胜利的保证了。在历史上，例如，在美国内战中，尤利西斯·格兰特的联邦军之所以能够摧毁明显更加灵活的南方联盟将军罗伯特·李的军队，根本原因就是北方在经济上占据了优势。

廉价武器为恐怖主义活动提供了极大的便利，而后者显然是对公共福利的一个重大威胁。媒体告诉我们，在伊拉克和阿富汗，恐怖主义分子制造的爆炸和其他暴力行动持续困扰着当地人，令他们生活在悲惨世界中。事实上，在这些国家，仅仅是士兵和平民无辜蒙受的"附带损害"就已经够可怕的了。当然另一方面，世界各地耸人听闻的恐怖袭击事件也接二连三地成为新闻头条。

伊朗和朝鲜发展核武器的野心，以及拥有核武器的邻国（如印度和巴基斯坦）之间随时可能升级的紧张关系，都有可能导致同样可怕的毁灭性事件。[3]现在，制造比以往任何武器都更强大的武器已经变得越来越容易，实际成本也在下降，这进一步助长了这些威胁。

生产率持续提高对环境的影响

除了恐怖主义和潜在的核战争之外，环境破坏已经成为人类福利的第二大人为威胁，环境危机甚至威胁到了我们的集体生存。在这个问题上，历来存在着大量争论，也存在着各种各样相互矛盾的观点，我并不认为自己具备这方面的专业知识，但是许多见多识广的观察家都已经将人类对环境的破坏认定为一种巨大的危险来源。气候变化可能会带来许多可怕的后果，如干旱、大范围饥荒、洪水，随之而来的流离失所和瘟疫，以及其他尚未引起政策制定者严肃回应的令人惊恐的事件。[4] 例如，很少有人注意到海平面上升的问题。但是它确实可能会造成数以百万计的难民潮，并导致极大的地缘政治不稳定。

在这些现象中，成本病也起着令人不安的作用。例如，成本持续下降的部门确保了制造汽车的实际成本不断下降。结果是，汽车就不再只拥堵在美国和西欧的道路上了，在中国和印度那些人口众多的城市里，交通拥堵现象同样十分普遍。在那些城市里，自行车越来越多地被汽车和摩托车取代，许多以前买不起汽车的消费者现在也能买得起了。随着使用大量化石燃料的汽车数量增加，二氧化碳和其他温室气体的排放也随之增加。这种成本病使得制造出来的汽车变得更便宜、更容易获得，因而也有可能污染我们的世界。

而且，这个故事不仅适用于最近汽车的普及。据信，燃煤发电厂、飞机排放的废气甚至公寓楼中的火炉都可能会导致气候变化。纸张的生产和电子产品的制造污染了我们的水道，杀死了鱼类或使它们变得无法食用。生产和生活中使用的各种机械造成了噪声污染，许多人怀疑这是造成婴儿出生缺陷和听力障碍的原因之一。这样的例子不胜枚举。随着生产率的提高，产品的生产成本和购买成本都降低了，于是它们的产量激增。因此，成本病导致的成本降低，也就变成了促进许多对环境有较大破坏作用的制成品消费的主要刺激因素。

当然，人们已经设想过许多改善环境的方法。其中一个方法是，努力将世界经济的产出从制造业转向服务业。[5] 拟议中的配套激励措施包括调整税收方向，即减少对服务业的征税，提高对制造业的征税。服务产品不是实实在在的、可以触摸的实体产品，需要使用的原材料和能源都比制造业产品少得多。增加服务消费、减少制成品消费，应该可以减少对大气排放和需要处理的废弃物，同时减缓对资源的消耗；反过来，这可以大大减缓环境遭受破坏的速度，从而化解随之而来的对公共福利的威胁。

但是问题在于，成本病本身产生的激励，是与这种努力的逻辑直接冲突的。这个建议会把我们带上错误的方向。正如我们在上面已经看到的，成本病会使许多服务变得更加昂贵，同时降低制造业的相对价格，因此这种模式会不可避免地驱使消费者从服务产品转向成本更低的制造业产品。[6] 想必提出前述建议的人定会认为这样的激励结构是不合理的。

当然，冷静地思考一下，制造业成本下降也带来了巨大的好处，至少包括：贫困减少、普遍的经济繁荣、经济增长以及我们普遍拥有的空前之好的生活水平等等。但是正如经济学家经常会说的，"天下没有免费的午餐"。这些好处在很大程度上被抵消了，因为地球的自然之美遭到了破坏、环境毒素对健康产生了广泛的不利影响等等。真正可能伤害到我们子孙后代的是这些潜在的结果，而不是政府的预算赤字。

控制成本病

在这一章的结尾，我要再次强调如下观点：尽管服务产品的价格上涨往往非常令人不安（我完全理解这种心情），但悖谬的是，它们只是成本病中威胁较小的一面。成本病导致成本上升的后果并没有初看上去那么严重。相反，成本病故事的另一面，即进步部门生产的制成品的价格稳步下降，才是人类面临的一系列最紧迫危险的关键来源。我们有能力为我们所需的服务，主要是医疗保健和教育，支付更多的费用，而且非常可能永远负担得起。我们可能无法承受的反而是成本下降的后果：环境破坏和无尽的战争。

这里也许不适合详细探讨我们应该如何应对经济停滞部门成本上升和进步部门成本下降带来的威胁，不过，提供一些观察性结论似乎是合适的。首先，我们应该可以希望，由于市场（或政府）鼓励在停滞部门中进行节约成本和提高生产率的创新和创业，成本上升应该可以得到缓解。尽管我们可以期待的成果是有限的，但是这些努力肯定不应被忽视。以医疗保健服务为主要的例子，本书第十章和第十一章将描述降低成本的一些非常有前途的方法。第九章和第十章还讨论了如何利用商用服务，用它们两次甚至多次的生产率提高来抵消成本病的影响。

尽管成本病的成本持续下降的一面可能更具威胁性，但是对于各种因成本病而加剧的问题，例如环境破坏和持续不断的战争，还是有一些有效的方法可以应对，而且这些方法的可行性不难证明。特别值得注意的是，大量文献都致力于探讨环境政策和经济增长的其他破坏性后果。许多学者已经提出了有望遏制这些危险的方法。

讨论这类问题的经济学家普遍青睐的政策方法都集中在税收结构的调整上：对那些供给因成本增加而受到威胁的有益产品，应减税或给予补贴，同时对那些不那么有益的产品则应征收更高的税，后者如那些因生产率提高和实际价格下降而广泛流行，同时又是环境威胁主要来源的制成品。[7] 这些经济学家一致认为，税收能够在很大程度上影响激励。同时他们也意识到，存在一种广为流传的说法，即这种激励效应总是会损害公共福利。因此他们指出，恰恰相反，许多税收提供了有利于社会利益的激励。例如，如果我们以低于汽油税的税率对劳动征税，那么我们就能通过降低企业雇用新员工的成本来鼓励就业，同时也能通过提高驾车成本来减少汽车的污染物排放。这样做并不需要增加总税收负担，它只是改变了现有的税收结构，即让有益于社会的活动得到"奖励"，同时让那些威胁公众福利的活动受到"惩罚"。

现在，一些这样的税收政策已经出台了，比如，对酒精和烟草征税，以及通过"总量控制与交易"制度来减少污染排放的计划（它越来越多地被用来替代排放税），就是其中一些典型的例子。但是在未来，正如许多顶尖经济学家强烈主张的，我们可能不得不采取更加激进的策略，即考虑按照上述原则修订整个税收体系。那些带来有益激励的税收，即那些能够阻止我们从事威胁社会福祉的活动的税收，将会取代那些激励有损公众利益的活动的税收，例如那些给初创企业和小企业带来沉重负担，从而阻碍就业和经济增长的税收。经济学家长期以来一直支持这种总体性方法，现在是立法者也转而从这一观点重新审视整个税收结构的时候了。[8]

归根结底，成本病确实是一种"疾病"。但是，与成本病给我们的表面印象相反，它令人不安的后果不仅威胁到了我们的钱包，还威胁到我们的生活方式。事实上，这种"疾病"甚至可能会推动我们走上自我毁灭的道路。当然，我们并非完全无力应对这种最具破坏性的前景，但是就像亚当·斯密很早以前就警告过的那样：我们不能一味袖手旁观，完全依靠市场这只"看不见的手"来提供所有必要的补救措施。

第六章

对成本病的常见误解
成本和质量，以及衡量产出的金融指标和实物指标

从1970年到2004年，45岁及以上的美国人在心脏病发作后死于医院的比例下降了50%以上。

——美国国家心肺和血液研究所（2007）

在过去10年里，美国每次住院的平均实际费用增长了大约三分之一，从1997年的6 410美元增加到了2007年的8 690美元。

——美国医疗保健成本和使用项目（2007）

大学学费的爆炸式增长和医院服务费用的不断上涨是成本病的两个非常明显的症状，这导致了许多谬论和误解。一些人将大学学费和医疗保健费用的持续上涨归咎于贪婪的大学校长、医生和医院管理人员，即怀疑他们给自己发放过高的薪水。诚然，确

实可能有一些医院管理人员和大学校长显得过于挥霍无度或自私自利，但是认为他们中的所有人或者绝大部分人都在以这种方式行事，却几乎是不可能的。仅凭这一点很难使总体成本以我们观察到的这种速度上升。把成本上升的责任归咎于这种行为是完全不合理的。[1]

除了这种困惑之外，经济学家关于成本病还有另外两个误解。第一个误解与制造业在GDP中所占的比例有关。众所周知，这一比例在过去30年中一直在稳步大幅下降，但是这种下降只是因制成品价格下降而产生的一种衡量现象（measurement phenomenon），如第五章所述，制成品价格下降正是成本病的另一面。制造业产出的实际数量并没有下降；相反，它的实际价格之所以会下降是因为生产率的快速提高。即使一种商品的市场价值下降了，但如果它的价格下降了25%，它的产量也可能根本没有下降。因此，我们可以合理地得出这样一个结论：制造业部门在任何工业化国家的实物总产出中所占的份额并没有发生太大的变化。

第二个误解源于一场辩论，即在分析受成本病影响的经济部门时，用哪种生产率增长指标衡量最合适。在这类研究中，有两种衡量生产率的方法是人们通常会考虑使用的：经质量调整的数字和未经质量调整的数字。问题在于对生产率提高的分析是否应该考虑产品质量的提高（如对心脏的护理），还是应该只考虑创造这种产品所需的投入，如医生、护士和其他医疗工作者在治疗病人时所花的时间。

第六章　对成本病的常见误解

衡量制造业产出的金融指标与实物指标

说到底,我们其实并不知道如何衡量国民总产出,因为这不可避免地要求我们将"苹果"和"橘子"相加。例如,假设在10年的时间里,计算机的产量增加了x个百分点,汽车的产量增加了y个百分点,同时移动电话的产量减少了z个百分点。我们如何确定这三种商品的总产量的变化?或者换句话说,多少部手机加起来等于一辆汽车?这样得出的数字又意味着什么?

回答这个问题的标准方法是把产量数字转换成美元,然后把人们在电脑、汽车和移动电话的总支出加起来。但是,这其实仍然没有给出我们想要的答案。因为成本病降低了所有这三种商品的实际价格,因此用净货币计量很可能会告诉我们,这些商品的总产出下降了,尽管我们知道这不是事实。如果这三种产品的价格在我们正在研究的那10年中都恰巧下降了一半,同时汽车和手机的年产量则在这段时间内翻了一番,那么其产出的货币价值将会保持不变,这样就会让我们误以为这些商品的产量没有变化。与此同时,如果生产出来的计算机数量没有增加,那么计算出来的销售收入将会下降大约50%,从而给人计算机的产量下降了一半的印象。即便这三种商品的产量都增加了30%,但是如果价格都下降了一半,那么货币价值计算也会告诉我们,这三种商品的产出都下降了,尽管其产量实际上实现了大幅增长。

数据证实,制造业的货币价值占GDP的份额一直在稳步下降,是因为不断提高的效率和生产率降低了生产成本。[2] 但是制成品的实际实物产出并没有下降，或者更确切地说，下降的幅度并不如我们根据制成品货币价值的下降幅度预计的那么大。

成本病与劳动力配置

接下来为了简单起见，让我们假设（尽管这种假设未必与现实相符），以实物单位衡量而不是货币衡量，进步部门在经济总产出中所占的份额保持不变。因为经济只有两个部门，即进步部门和停滞部门，所以它们各自的产出加起来就等于经济的全部产出，所以在这个假设下，停滞部门在总产出中所占的份额也必定保持恒定不变。[3]

这种假设对一个经济体中的劳动力配置有重大含义。根据定义，劳动生产率在进步部门的提高明显快于停滞部门，因此，为了保持两个部门的产出比例恒定，就必须让越来越多的劳动力从进步部门转移到停滞部门。例如，假设在20世纪初，这两个部门各生产100单位的产出，雇用1 000万工人。接下来，再假设进步部门的生产率翻了4倍，而停滞部门的生产率只提高了4/3。那么为了让这两个部门的产出都刚好翻一倍，就必须让50%的劳动力从进步部门转移到停滞部门。如果进步部门的劳动力不减少，那么它的产出就会翻4倍。但是如果进步部门裁员一半，在生产率翻4倍的情况下，可以生产200个单位的产出。同时在停滞部门，增加50%的劳动力也使该部门的产出增加到150个单位，因此生产率提高4/3也将恰好导致

200个单位的产出，即$150 \times 4/3 = 200$。关键是生产率提高较慢的行业需要不断增长的劳动力来维持其在整体产出中的份额，生产率快速提高的行业则需要减少劳动力才能达到同样的效果。

即便不要求停滞部门和进步部门保持恒定的产出比例，这种趋势仍然存在，而且它有助于解释大多数发达经济体的制造业就业份额下降的原因。生产率提高意味着生产一定数量的产品所需的工人数量更少。因此，在美国、德国和英国，这些行业提供的就业机会在每个国家中所占的份额都在下降。这也解释了我的论断，即美国制造业工作岗位的流失不能主要归因于中国和日本等与美国竞争的经济体对这些行业的"占领"。而且在这些国家，制造业的生产率也在迅速提高，这同样意味着只需要更少的工人就可以满足世界对其制成品的需求。当然，在某些特定的国家，尤其是中国，由于产出总量上出现了极大的补偿性增长，工业岗位实际上是在增长的，在2002年到2008年间，中国增加了大约2 100万个新的制造业工作岗位。

但是，消费者直接购买的停滞部门的服务又如何呢？在这里，如果我们继续使用上述简化的假设（无论它是否符合现实），即这两个部门在经济总产出中所占的份额不随时间流逝而变化，那么问题就会更加容易理解。正如我们已经看到的，这意味着必须让越来越多的劳动力从进步部门转移到停滞部门。此外，如果这两个部门在实物总产出中所占的份额保持不变，那么它们在经济总产出的货币价值中所占的份额则必然下降，因为进步部门产出的实际价格注定会稳步下降，因此，停滞部门产出的货币价值必定上升。总之，我们可以得到如表6.1所示的结果。

表6.1 进步部门与停滞部门占经济总产出的份额

衡量方法	进步部门的份额	停滞部门的份额
实物数量	不变	不变
劳动份额	下降	上升
货币价值份额	下降	上升

这样一来就应该很清楚了，如果我们用货币价值来衡量经济的总产出，由于快速增长的进步部门的产出会因其不断下降的成本和价格而显得一直在收缩，所以我们为整个经济计算的平均增长率就会越来越多地受到停滞部门增长率的影响。因此，平均增长率似乎将会或多或少地稳步下降。但是，如果我们以实物来衡量产出，即产品的件数，那么经济增长率就没有理由会因为成本病而趋于稳定，因为几乎所有行业的生产率都将继续提高。

因此，尽管不存在唯一合理的衡量经济增长的方法，但是我们还是更有理由主张用实物产出衡量经济增长。理由很简单，如果我们考虑的是一种产品对社会的好处，那么它的货币价值和在生产它的过程中使用的劳动数量都不能为我们提供正确的衡量标准。例如，假设能够找到一种方法将生产汽车的劳动投入减少30%，那么一个拥有两辆汽车的家庭的境况是不会因此而变差的。事实上，当这个家庭需要更换汽车时，它的境况可能会变得更好。尽管这个家庭的两辆汽车现在的成本比以前更低了，生产汽车所需的劳动也更少了，但是汽车作为一种产品的实用性丝毫没有下降。两辆汽车仍然是两辆汽车，不管它们的价格或"劳动含量"有没有下降。此外，随着买得起汽车的人的数量增加，汽车对生活水平（劳动生产率提高的最终衡量标准）的贡献可能也会随之增加。

经质量调整与未经质量调整的生产率指标

企业家在将创新（产品）推向市场时，通常至少希望实现如下两个目标之一：一是提高质量，其目标是通过提供更好的产品来吸引更多的客户；二是节约成本，这一目标通常是通过减少生产产品所需的劳动时间来实现的。对于这两个目标，有两个相应的生产率提高概念，我们分别称之为质量改进型生产率提高与成本节约型生产率提高。这两者对公共福利都至关重要，但是在本书中，由于我们关注的重点是成本问题，所以后面这个概念的相关性更高。

然而，在实践中，大多数衡量生产率的指标都试图同时处理这两种改进。如果一位经济学家想要确定在生产某种产品的过程中，劳动生产率发生了什么变化，他会用某一时期的产品数量除以投入这项工作的工时数，从而得到每小时劳动所创造的产品数量。这个数字被称为未经质量调整的生产率。如果产品的质量发生了变化，他就需要对产量进行调整，即将其增加某个数量，以表示改进后的产品相对于其更原始的前身的价值增加多少。[4] 我们称后面这个数字为经质量调整的生产率。

每一个生产率概念在其有用性范围内都是适当的，但是如果被用到本来需要使用另一个概念的地方，就有可能会得到误导性的结果。乍看起来，上面这种区分似乎只是一种方法论上的诡辩，但是它对我们理解成本病至关重要。如果我们想检验是否存在成本病，那么未经质量调整的生产率是最有效的，因为我们只是考虑消费者必须为一种产品付出多少钱，而不是该产品有多值得买。在这个问题上，有一些分析人士因为使用调整后的数字而被误导了，他们得出结论：成本病已经不复存在。这些分析人士观察到的是消费者从产品或服务中获得的收益增加了，但是其货币成本却没有随之下降。

许多关于生产率的文献都提到需要将产品质量提高方面的进步充分考虑进来。有一种观点认为，如果工人生产出来的产品容量更大、使用时间更长或者能够为消费者带来更大的便利，那就意味着工人的产出增加了。如果衡量生产率增长的指标未能考虑这些质量提高，那么得出的数字就是虚假和误导性的。

这个论点是成立的：如果使用不当，不考虑质量提高的生产率统计数据可能会严重误导分析人士。[5] 但是，如果谨慎地使用并用于适当的目的，未经质量调整的数据也可以提供它们自己的"见解"。要分析构成成本病的成本上升问题，顾名思义，这是一个成本问题，而不是产品质量问题，未经质量调整的生产率数据是最合适的。毕竟成本病分析要处理的是某些服务成本的上升，而不涉及这些服务提供的好处的变化。

成本还是收益：这就是问题所在

要想了解这个看似深奥的讨论中真正的问题是什么，我们必须记住，我们正在研究的是这样一种机制：它决定了生产产品的成本，进而决定消费者必须付出多少钱来购买它们。我们讨论的是一种产品花费了消费者多少钱，而不是给他们带来多少收益。收益指的是，相对于消费者所花的钱而言，该产品有多好。成本和收益是完全不同的两件事情。

下面，我将通过几个例子来揭示这种差异的重要性，并说明为什么在成本病分析中，衡量消费者的成本比衡量产品或服务的质量更加重要。请想象心脏外科的一项手术创新，它使患者的医疗费用上涨一倍，但是术后预期寿命却比以往的手术增加了三倍。当然，我们可以得出这样的结论：尽管患者需要为新的手术方法支付更多费用，但是他的钱花得"很值"。

但是，如果同一个病人的收入刚好只够用来支付以前那种更便宜的手术，又会如何呢？这项创新的结果会不会导致这些贫困患者获得的基本医疗服务反而减少了？或者，假设医院不想把增加的费用转嫁给本来就没有多少钱的病人，从而导致医院濒临破产怎么办？在这些情况下，创新的手术方法带来的成本增加本身难道不就构成了一个合理的担忧吗？哪怕这种新手术方法的结果确实值得付出的每一分钱？（关于这方面的更多信息，请参阅本章后面关于某些特定医疗创新的成本和收益的讨论。）

教育也是如此。有相当多的证据表明，对于写作和数学等学科来说，小班教学能提高学生的成绩。但是，一所学校要想通过增加一倍的教师来将班级规模减半，必须先解决资金问题。在一个公共资助的教育系统中，一个财政紧张的市政当局根本无法承担实现这种改变的支出，尽管它在未来会带来很大的好处。

关键是，在评估成本增加时，有两个至关重要的问题。首先，或许也是最重要的，如果成本增加了（假设仍负担得起），是否能带来净收益？其次，如果成本发生了变化，它是否会导致财政灾难，并可能破坏该组织的其他活动？

选择正确的生产率衡量指标

一些经济学家对成本病的误解源于一种相当普遍的理想化观念，即认为只有经质量调整的生产率才是衡量生产率增长的唯一有用指标。许多分析人士认为，不考虑质量改进的衡量标准会造成扭曲。我认为，如果用未经质量调整的生产率去评估消费者从一定数量的劳动中获得的收益，或生活水平提高的幅度和速度，那么的确存在误导性。但是，如果用未经质量调整的数据去衡量生产率提高对那些"买单者"的成本后果，那么这些数据就不会带来误导。

正是因为使用了错误的生产率衡量指标，这些经济学家得出了这样一种观点：在一些重要的经济部门，成本病已经消失了，尽管这些部门的产品或服务的价格上涨率仍然持续高于通胀率。这种观点认为表面看到的生产率提高速度滞后，反映的实际上是另一回事：产品质量显著和持续提高，往往会阻碍劳动节约型改进措施的实施。这种情况可能会阻碍相关行业中未经质量调整的生产率的提高，从而导致一些研究人员得出这样的结论："真正的生产率"（即经质量调整的生产率）根本没有落后。

例如，在2003年发表的一篇论文中，杰克·特里普莱特（Jack Triplett）和巴里·博斯沃思（Barry Bosworth）就认为，在医疗保健领域，经质量调整的生产率一直在以令人印象深刻的速度提高。他们正确地断言，这是一个好消息，因为这表明那些使用医疗保健服务的人支付的钱获得了更大的收益。然而，尽管这可能是事实，却很难安抚医院院长们，因为他们经常处于不知道从哪里可以筹到钱来支付医院不断上涨的费用的窘境。

关于这个课题的其他一些研究，特别是威廉·诺德豪斯2008年发表的一篇论文和罗伯特·弗拉纳根2012年出版的一本书，是用真正相关的数据检验成本病的，所以避免了本章所述的问题，他们的结果似乎完全证实了近半个世纪前的成本病分析所预测的价格和成本演变。当然，这并不意味着专注于产品质量的那些研究都是毫无意义和错误的，这只是说明它们处理的是一个不同的问题。

医疗保健部门的若干质量进步

在服务质量方面，医疗保健部门也取得了显著改善，这是通过不可思议的无数创新实现的。结果是，人类的预期寿命大幅延长，并且发现了许多有时非常令人惊讶的新治疗方法抑制了多种疾病，从而使得需要医疗照顾的人能更轻松地生活。从这个意义上说，毫无疑问，经质量调整的医疗保健服务的生产率已经得到了显著提高。[6]

但是，如果从节约劳动力和降低成本（即未经质量调整的生产率提高的来源）的角度看，这些医疗保健创新的记录无疑最多只能说是好坏参半，甚至可以说它们使情况变得更糟。正如本书第一章中提到的，近几十年来，美国消费者为医疗保健支付的费用显著增加。这些稳步增长的成本，肯定会受到与不断涌现、不断改进的创新，以及培训医生如何有效利用这些创新相关的巨大成本的影响。这些创新已经彻底改变了医疗保健领域。

为了更清楚地说明这一点，先让我们看看质量和成本差异很大的几项医疗创新。这些例子很好地说明了本章讨论的两个生产率提高之间的区别（当然它们都是有效的）：经质量调整的生产率提高和未经质量调整的生产率提高。

案例研究1：机器人手术

机器人在外科医生的监控下进行手术，而外科医生可能离患者有几千公里远，也可能就在旁边。这种技术是在1985年首次被引入脑外科手术的。到20世纪80年代末，机器人也开始被用于前列腺手术和髋关节置换手术。从那以后，可以利用机器人的外科手术范围进一步扩大。[7]

机器人手术有一些对病人非常有吸引力的优点。其中也许最神奇的是这种手术可以远程进行，从而使偏远地区的病人也能够得到身在遥远城市的专家的服务。手术由外科医生依据病人的CT（计算机断层扫描）结果来"指导"机器人进行，切口更小、更精确，因此通常只需要更短的术后住院时间，从而也降低了术后住院费用。[8]

但是机器人手术本身却比传统手术要昂贵得多。根据一项研究，机器人手术比标准外科手术平均多花费1 500美元。[9]对于某些手术，费用的增幅还要大得多，例如，机器人冠状动脉搭桥术的费用可能比外科医生在手术室做同样的手术要多出5 000美元。[10]

这种高成本可以归因于几个因素。在2008年的时候，一台可以进行机器人手术的设备——da Vinci™机器人系统的价格高达130万美元。[11]而且，除了高昂的购置成本之外，这种设备每年都需要可观的维护费用，并需要对外科医生、护士和技术人员进行如何使用它的专门培训。此外，在机器人进行手术的过程中，必须有医生和护士留在现场，以防在手术室出现医疗并发症。除了昂贵的设备，必须有经过高度训练的专业人士随时待命，也大大增加了机器人手术的费用。毫无疑问，随着时间推移，这些成本都将有所降低，但是我们可以相信，未来昂贵的发明将会抵消这些收益。

案例研究2：肾透析

随着人们预期寿命的不断延长，越来越多的患者被诊断出患有慢性肾脏疾病。肾脏透析能够替代肾脏功能，清除血液中的废物；遍布美国各地的大量肾脏透析中心，则使这些患者更容易得到治疗。

在过去，治疗肾衰竭的唯一方法是腹膜透析，即将含有钠、氯化物、乳酸或碳酸氢盐以及高比例葡萄糖的液体泵入患者的腹部。液体要通过导管泵入，而导管则是通过外科手术插入腹部的。导管的一端穿过了腹部皮肤，并在透析治疗期间保持在原位。在每一轮透析中，液体在患者的腹部停留数小时，液体中的浓缩化学物质通过腹部动脉将废物从血液中抽离。当液体被抽取出来时，会带走这些提取出来的废物，从而净化血液，这些废物是病人衰竭的肾脏无法清除的。这个过程必须每天重复3~4次。

腹膜透析的主要优点是它仍然相对便宜。它不需要经过高度专业化训练、拥有专业知识的医生，它只需要使用相对简单和更容易负担的设备。但是，接受这种透析的患者感染的风险很高，因为很难保持导管周围完全无菌。此外，一些腹膜透析患者也曾因导管意外刺穿了肠子而发生严重的并发症。

在20世纪60年代早期，又引进了一种叫作血液透析的新方法。血液透析过程是这样的：在患者手臂插入动脉分流器，将患者的血液抽走，再利用外部机器内的半透膜进行过滤，然后将净化后的血液输回患者的血液循环系统。血液透析对患者有明显的好处。它能比腹膜透析更有效地清洁血液，接受这种治疗的患者有更长的寿命和更低的相关感染发生率，使他们更有机会等到合适的肾移植机会。血液透析还可以提高患者的生活质量，他们每周只需要接受三次透析，而不是每天几次，因此可以继续正常生活。

但是血液透析需要昂贵的设备。尽管设备本身的价格一直在下降，但是也需要训练有素的医生、护士和技术人员在每次4~6小时的疗程中持续监测病人，因此它的成本远高于老式的腹膜透析方法。近年来，美国血液透析的费用增长了60%以上，根据一项研究，1995年，每位医保患者的年血液透析费用仅为5万多美元，而到了2009年，这一费用就涨到了大约8.2万美元。[12] 在未来10年，随着生存率的提高，美国所有中晚期肾脏疾病患者的透析费用预计将增长大约140亿美元。[13]

对于肾衰竭患者来说，血液透析显然比老式的腹膜透析方法更加可取，它能更好地清除血液里的废物，并发症也更少。但是与这种更复杂的技术相关的成本将不可阻挡地继续提高。

有好处但不省钱

因为在更早的时期，机器人手术和血液透析这两种新技术都还没有出现，所以我们可以从上面的讨论中得出两个重要结论。首先，这些新技术需要的受过更好训练的医疗专业人员的劳动时间肯定比过去几十年来所用的更原始的治疗方法要多。其次，新技术显然会带来额外的成本。这些成本可能包括：在治疗过程中使用的机器设备的维护费用、当制造商推出新的改进版本时更换机器的费用、为了设备运行和维护而增加的额外的技术人员的费用，以及培训医疗专业人员使用新技术的费用。此外，新技术的研究和开发过程也要产生费用，不过这些费用被转嫁给了购买设备的医院。在大多数情况下，类似这样的新治疗方法显然是有益的，不过我们现在应该很清楚了，考虑到这类医疗创新的巨大成本，虽然它们带来了经质量调整的生产率提高，但是它们并不一定是节约劳动力或节约成本型的生产率提高。

许多医疗创新承诺给病人带来奇迹般的疗效,而且有些承诺确实兑现了。我们没有理由认为这种技术突破会突然止步不再出现。然而,同样不可忘记的是,与这些新技术及其中许多技术所需的机器设备伴随而来的巨大成本。几乎所有伟大的医学创新都是如此,它们的创造和使用都涉及许多复杂事物,从而注定了医疗保健成本将继续稳步上升。

我的目的不是要与那些关注产品质量或制造业产出的金融指标的人争个高下,而是消除围绕在这两种生产率指标周围的概念混淆。未经质量调整的生产率和实物产出指标在我们对成本病的分析中起着根本作用;而经质量调整的生产率和金融产出指标则不然,尽管它们对公共福利来说很重要。经质量调整的生产率是衡量消费者从他们购买的产品中得到了多少好处的一个指标,而未经质量调整的生产率则告诉我们,他们必须筹集多少钱才能购买产品。同样,制造业产出的金融指标表明了制成品的货币价值。相比之下,实物指标告诉我们的是这些产品的产量。这是不同的问题,尽管它们都很重要。

很显然,成本病分析与以下观察结论并不冲突:产品质量的改进往往能确保消费者购买的东西物超所值。而且,成本病也不仅仅是制造过程中货币成本降低的结果。无论我们使用什么产出指标来衡量,制造业的货币成本显然一直在下降。服务成本的上升往往与服务质量的显著提高有关。特别是在医疗保健领域,公众似乎对这种改进有着永不餍足的欲望,但是与此同时,公众又似乎对支付必要的费用有严重的疑虑。

最后，需要强调的是，我在本书中阐明的一切都不曾表明，医疗保健方面的成本不可能降低。相反，正如我们将在第十一章中阐述的，我们有非常多的机会在不损害医疗保健服务质量或数量的前提下，降低医疗保健成本。无论如何，我们必须记住，成本病分析告诉我们，即便社会充分利用了所有这些机会，我们仍然可以预期货币成本的无情上升。我们的领导人将不得不向纳税人解释，成本增加不是由"罪不可恕"的疏忽、无能或贪婪造成的，而是由提供医疗保健服务所需的劳动数量实质上不可减少导致的，这是一个不可避免的结果。如果不明白这一点，公众很可能会不顾后果地要求降低成本，而那样做不可避免的结果是偷工减料，随之而来的是质量下降。即便我们有能力负担不断上涨的成本，以保持甚至继续提高我们的医疗保健质量，这些仍然都将会发生。

在寻求解决成本病的方法时，我们不能忽视受影响的服务的质量，也不能忽视进步部门的成本确实在下降这一事实。但是，质量改进和衡量制造业产出的不同指标不是这里要关注的问题。关键是要理解个人服务成本的持续上涨，并深刻认识到一个近乎完全确定的事实，那就是与表面上看起来不同，尽管成本不断上涨，我们还是负担得起。

第七章

成本病与全球健康

我们在其他所有的快乐中都可以观察到餍足状态，而且快乐一旦被感受到，新鲜感就消失了……只有知识，永远不会使人餍足。

——弗朗西斯·培根（1605）

美国出现的医疗保健费用迅速上涨并不是一种"非典型"现象。这种成本病是普遍的，因此本书的分析也适用于世界各国的医疗保健体系。尽管有些经济学家和政策制定者已经认识到，经济因素在导致医疗保健成本增加方面发挥了根本作用，但是大多数人往往仍然将世界范围内医疗保健支出持续上升的趋势归因于人口老龄化和新技术的高成本。

到目前为止，在讨论成本病时，我们基本上一直依赖于来自世

---

* 本章由阿里尔·巴勃罗斯-门德斯（Ariel Pablos-Méndez）、希拉里·塔比什（Hilary Tabish）和大卫·德·弗兰蒂（David de Ferranti）写就。

界上较富裕的经济体的证据。在本章中，我们转向世界其他地区，重点关注一个相关的现象：人均GDP与人均医疗保健支出之间的密切关系。这一关系虽然简单，但是很有力，且对外国援助和医疗保健系统规划有非常重要的含义，特别是现在，发展中国家前所未有的经济增长可能会使其医疗保健支出大幅增加，而成本病正是这一过程的重要驱动因素之一。

医疗经济学第一定律

医疗保健体系的许多倡导者假设，人们可以确定一个能够保证人口健康的最佳医疗保健支出水平，但是他们同时又认为富裕国家的医疗保健支出过高，而贫穷国家则过低。然后在此基础上，他们试图制定政策去"纠正"他们认定的"过多"（如控制成本）或"不足"（如对外援助）。然而，统计分析始终如一地表明，每个国家的医疗保健支出高度依赖于所在国的人均GDP，无论该国其他特点如何，也无论其医疗保健支出如何分配。

这并不是一个全新的发现。早在三十多年前，它就率先在发达国家得到了证实[1]，后来在20世纪90年代，又在一些欠发达国家得到了证实。[2] 最近的统计分析表明，在世界卫生组织的178个成员中，人均GDP和人均医疗保健支出之间都存在稳健的相关性。[3] 下面的图7.1表明这种相关性是非常显著的：代表收入和医疗保健支出的点形成的模式，惊人地接近于一条完美的直线，而且呈现了统一的上升趋势。在任何一个国家，只要人均GDP增长，人均医疗保健支出就会以可预测和稳定的速度增长。不过，这个模式有两个明显的例外。首先，与收入水平相比，安哥拉、阿曼、不丹、阿拉伯联合酋长国、刚果、卡塔尔、新加坡和科威特等国家的医疗保健支出很少。其次，有些国家的医疗保健支出相对于人均GDP来说很高，例如美国、基里巴斯、马拉维和东帝汶。这两类国家都值得进一步研究。虽然存在这两个例外，但是这种相关性看上去应该已经足够稳健，可以为政策制定者制定更广泛的政策提供一定的依据。

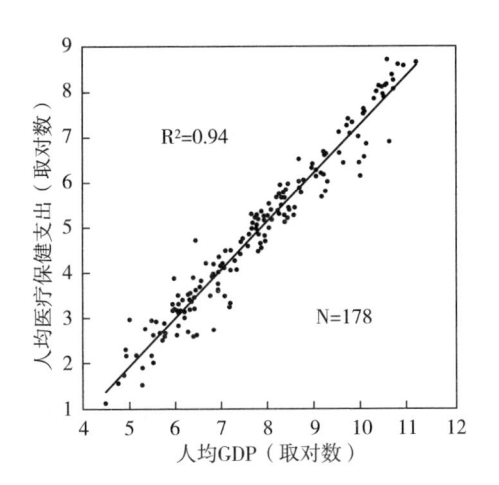

图7.1 医疗经济学第一定律：人均医疗保健支出与人均GDP之间存在密切的相关性

资料来源：经授权转载自：Jacques van der Gaag and Vid Štimac (2008a), Towards a New Paradigm for Health Sector Development, Amsterdam Institute for International Development, www.rockefellerfoundation.org/uploads/files/ 9b109f8d-0509-49fc-9d0c-baa7ac0f9f84-3-van-der. pdf。

正是基于长期证据的这种稳健性（多项研究都一致地发现，这种模式具有普遍性），雅克·范德加格和维德·斯蒂马奇才将这种模式称为"医疗经济学第一定律"。[4]然而,尽管证据确凿,但捐助者和政策制定者依然更倾向于忽视这种关系。他们认为,要考虑的因果变量实在太多了,而他们的职责只限于调整各自部门的支出水平。[5]

只需对数据进行更多的初步分析就可以发现,在某个给定的国家中,人均医疗保健支出并不显著取决于该国公共和私人医疗保健支出的分项数字,也不显著取决于该国获得的国际发展援助或债务减免的水平。[6]政府对改善民众健康的承诺可能会增加公共卫生预算,而其他相互竞争的利益诉求则可能会限制这种支出。然而,人均医疗保健支出总额,包括公共、私人和外部资金的总和,在那些年间似乎一直没有明显偏离根据一国GDP水平做出的预测。随着公共医疗保健支出数额的变化,私人医疗保健支出在低收入和中等收入国家占到了医疗保健支出总额的50%~80%(大多以累退的自付形式出现,其表现为穷人的支出占其收入的比例要高于富人)[7],且私人医疗保健支出会根据公共支出收缩或扩张,即私人支出能够进行自我调整,从而为民众所需的医疗服务提供资金。[8]

这种关系似乎不受官方的医疗发展援助水平的影响。[9]事实上,最近的一项分析表明,医疗发展援助的主要作用是抑制了本国政府的医疗保健支出。[10]更具体地说,医疗发展援助每增加1美元,就会使国内公共医疗保健支出减少0.43~1.14美元。[11]如果这个证据在今后的研究中得到了证实,那么捐助者和政府可能会决定将努力转向更能增强其影响的方式。这些发现还表明,在医疗保健支出方面，未经深思熟虑的削减预算或控制价格的尝试不太可能是有效的、公平的或有效率的。[12] 如前所述，私人支出能够填补这个差额，但是这只会让更少的人受益并使收入较低的人承受更大的负担。

经济学家们仍在继续争论，为什么这种关系能够成立，以及它对政策制定意味着什么。[13] 我们现在可以肯定的是，人均医疗保健支出与人均GDP之间的关系不会因经济和社会状况、治理结构、医疗体系和融资机制而发生太大的变化。

医疗保健支出上升的驱动因素

人均医疗保健支出总额看起来具有一定的收入弹性。换句话说，如果人均GDP增长1%，那么人均医疗支出将会增加1%多一点。因此，随着一个国家变得越来越富裕，它会把越来越大比例的GDP用于医疗保健。[14] 尽管有一定的例外，但这个结果不仅可以通过对跨国数据的分析（如图7.1所示）得到，而且也可以通过研究各个国家的纵向数据得到。[15]

尽管我们认为，在考虑医疗保健筹资政策时，应该以前述医疗经济学第一定律为基础，但是还有其他因素也推动了医疗保健支出的增加。[16] 正如我们在前面已经指出过的，人口老龄化导致的对医疗保健需求的不断增长应该也是一个因素[17]，同时昂贵的新医疗技术不断涌现则可能是更大的一个因素。[18] 有些评论家还指责贪婪的保险公司、挥霍无度的政府或防御性医疗实践导致的不必要的过度检查和治疗，不过，这些因素的重要性仍有争议。[19] 还有评论者指出，当第三方保险的出现使得病人和医疗服务提供者更加不关注医疗保健的真实成本时，不必要的服务和高价就会变得更加普遍。[20] 然而，在所有这些因素中，没有一个能像人均GDP那样有力地预测人均医疗支出。

因此，最终还是成本病在发挥根本作用。[21] 关于成本病，标准观点是以不同经济部门的生产率水平存在差异这个事实为基础，当然这并不是成本病的全部成因[22]，需求也起着不可或缺的作用：对于医疗保健、健康和确定性，人们的需求似乎是永不餍足的。我们的大部分需要和欲望，比如对食物和衣服的需求，最终会通过生产率提高和商品供给价格下降得到满足。而且，当个人服务（比如家政）过于昂贵时，大多数消费者都会放弃。但是，只要他们的收入（因经济中其他部门的生产率提高而）增长，人们似乎就愿意为价格日益高昂的医疗服务支付费用。[23] 这种需求无疑是导致医疗服务价格上涨压力的一个重要来源。与此同时，如果没有社会保障，穷人和中下阶层对医疗服务的需求必定会随着医疗服务价格上涨而下降。

基于与成本病相关的大量证据，我们可以非常有信心地指出，它在推动医疗保健费用上升方面发挥了重大作用。[24] 2009年，美国的医疗保健支出预算达到了2.5万亿美元，刚刚超过美国GDP的17%，预计到2105年，美国的医疗保健支出预算可能会达到GDP的60%。[25]（不妨做一个对比，2007年美国整个联邦预算约占GDP的20%。[26]）有些人声称，医疗保健成本永远不可能出现如此巨大的增长，对于这些人，只需要提醒他们回忆一下，在上一代持同样怀疑立场的人看来，我们目前的支出水平看上去也是根本不可能的。

对医疗至关重要的经济转型

医疗经济学第一定律特别重要，因为过去50年来经济非同寻常的增长改变了整个世界。经济学家预计，这种增长在未来50年仍会持续，哪怕是在考虑了周期性经济衰退的影响之后，比如2007—2009年那场异常严重的大衰退。全球人均GDP增长率是在1950年左右开始急剧加快的，到2000年就增长了两倍多。[27] 而且在21世纪头十年的大部分时间里，都出现了更高的增长率[28]；与此同时，发展中国家在今后几十年的增长速度预计都会超过发达国家。[29]

给定如此强劲的经济增长以及人均GDP与人均医疗保健支出之间的高相关性，大多数国家的医疗保健支出在未来几十年可能会持续显著增加，其影响可能与20世纪的人口转型[30]和流行病学转型[31]一样重大。在20世纪的那次转型中，死亡率和生育率下降改变了人口结构，同时世界范围内的主要死亡原因开始从传染病转变为慢性疾病。[32] 在过去的50年中，发达国家的医疗保健支出有了大幅增加，而且发展中国家看起来也将快速跟进。

"金砖四国"（巴西、俄罗斯、印度和中国）和其他新兴经济体的医疗保健支出现在已经开始显著增加。[33] 例如在中国，从1980年到2005年，医疗保健总支出（按名义价值计算）增长了50倍，而且最新的估计表明，到2050年可能还会再增长20倍。[34] 在许多非洲国家，如果未来几十年都将出现两位数的GDP增长的预测是正确的，那么它们的国内医疗保健支出到2020年就可能会增长2~3倍。医疗保健资源的这种增加，无疑将为医疗保健服务的融资和供给带来重大的挑战和机会。发展中国家卫生领域的领导人不得不将注意力转向如何更有效地管理日益增长的国内资源、提高绩效以及提供公平的融资手段。

这一里程碑式的重大转型，也可能出现不太理想的结果，包括卫生系统管理不力、服务提供功能失调以及医疗保健筹资有失公平。[35] 卫生资源增加本身并不能保证这些资源一定能得到有效的利用，也不能保证这些资源必将改善卫生公平。[36] 有鉴于此，在不久的将来做出的选择可能会对未来几十年产生巨大的影响，这种影响可能是积极的，也可能是消极的。

经济—医疗转型的影响大小，将主要取决于一个国家的基准GDP、增长率、政治理念和医疗保健系统的制度设计。在经济发展伴随着严重收入不平等的那些国家，只有少数人收获了经济增长的果实，但是所有人都面临着医疗保健费用的膨胀，这些国家将不得不在"团结互助"与"自力更生"之间寻求平衡，它们将会给社会福利带来截然不同的后果。通常来说，在贫困国家、发展中国家和发达国家，具体影响将会有很大的不同。

最贫穷国家的情况

在人均GDP低于1 000美元的那些国家（例如孟加拉国、埃塞俄比亚、老挝和卢旺达），只有当GDP增长加速时，上述转型才会开始。但是对于这些最贫穷的国家来说，这可能需要几十年的时间。[37]因此，医疗保健支出方面的国际援助对这些国家仍然很重要，能够帮助它们努力实现到2015年减少严重贫困的千年发展目标。[38]如前所述，在发展中国家，用于购买医疗产品和服务的外来援助可能会挤占当地政府的医疗保健支出[39]，扭曲受援国的优先事项安排，但是也可能是将资源重新导向最贫穷的社区和正确的优先事项。有鉴于此，全球援助者不得不将其支持转向更好、更简单和更具成本效益的医疗保健技术、疾病根除手术、初级医疗保健等方向，并致力于提高当地的服务供给和管理能力。在这些国家，为"人人享受医疗保健"筹措资金仍然是一项艰巨的挑战。[40]

中等收入国家和新兴经济体的情况

在那些人均GDP较高且经济增长已经步入稳定轨道的国家，如墨西哥、土耳其、中国或南非，医疗保健部门的转型也在发生。在有些发展中国家，历史上向来依赖政府和非政府组织提供和资助医疗保健服务，转型过程中私人对医疗保健的需求、供给和支出都可能会激增。这种支出的增加可能会带来一些风险。在转型初期，医疗保健支出可能会超过公共预算和正规保险计划，导致自付医疗费用迅速增加，而且这往往是低效和累退性的。非洲和亚洲的自付支出（如前所述，占到了所有医疗保健支出的50%~80%）已经迅速成为这些国家和地区民众陷入贫穷的主要原因。[41]一项全球范围内的估计表明，现在每年都有1.5亿人承担了灾难性的医疗保健支出，而且每年都导致2 500万家庭陷入贫困。[42]

对于那些致力于改善医疗公平和财政覆盖率的国家来说，向更高的GDP和医疗保健支出的转型，也可能为实现这些目标提供前所未有的机会。尽管医疗保健支出的增长可能是不可阻挡的，但是国内的医疗保健筹资肯定可以通过公共或私人保险进行重组，向降低自付比例的方向前进。这反过来又可能导致许多国家的政府明确追求全民医疗保健覆盖，即采取预付式的风险共担筹资方式，从而确保人人都能获得负担得起的、适当的医疗保健服务。[43]许多发达国家几十年前就通过社会保险、一般税收收入筹资或私人保险实现了这一点。[44]越来越多的中等收入国家，例如哥伦比亚、墨西哥、泰国和加纳，正在效仿这一做法。[45]这些政策有助于改善民众的健康状况[46]、保护个人和家庭免受灾难性医疗保健支出之苦。[47]尽管每个国家的具体制度安排是由社会偏好和经济效率决定的[48]，但是所有这些变化都要求新的资源和制度，以便更好地监督全国的卫生系统。[49]

例如，加纳在新千年之初只有不到5%的人口享受某种形式的医疗保险，但是它在2004年启动了国家医疗保险计划，这是一个社区医疗保险计划网络。[50]到2008年，就有大约39%的15~49岁加纳妇女和29%的同年龄组男子享受到了医疗保险。

截至2010年，加纳政府的数据显示，50%以上的人口有了医疗保险。此外，私人支出占医疗保健总支出的比例从2000年的59%

下降到了2007年的48%，同期医疗保健支出占加纳GDP的比例则从7.2%增加到了8.3%。[51]加纳推出了全民医疗保险计划（National Health Insurance Scheme），主要资金来源包括：一般税收收入（该国2.5%的增值税用于资助该计划）、来自正式部门雇主的工资缴费以及成员支付的直接保费。这个计划提供了一揽子综合福利，据说已经覆盖了加纳医疗保健机构报告的95%的健康问题，而且重点放在了产妇保健和儿童保健。这个计划的实施并没有增加加纳的国债；事实上，由于国际援助者给予的债务减免，该国国债占GDP的百分比在过去10年反而有所下降。[52]

随着新兴经济体的人均GDP和医疗保健支出增加，全球范围内对全民医疗保险的政治支持将会变得更加稳固。[53]特别是，如果印度[54]和中国[55]都能够实现为所有公民提供医疗保险的目标，那么到2020年，全世界人口中享有医疗保险的人口占比将从40%翻一番，达到80%。目前，世界上有30~50个中等收入国家正处于向更高的GDP和医疗保健支出转型的过程中，这一转型引发了立即进行卫生部门改革的呼吁。如表7.1所示，在这些国家中，有47个国家的GDP过去10年的平均增长率超过了4%。[56]其中31个国家的自付费用占所有医疗保健支出的三分之一以上，而这31个国家中又有29个国家的医疗保健支出占GDP的5%~10%。我们认为，可以预期这29个国家将更快地实现医疗保险全民覆盖。此外，还有11个国家虽然不符合这些条件，但是也已开始向引入医疗保险全民覆盖的方向迈进，这些国家的自付医疗费用已经出现显著下降。国际社会可以通过很多途径促进这种转型，例如，为相关的研究和学习提供资金支持、向执行和监督改革的机构（通常是新设立的政府机构）提供帮助、为处于改革早期阶段的国家中属于全世界最贫穷的那部分人提供医疗保险费补贴等等。

高收入国家的情况

OECD（经济合作与发展组织）成员和其他高收入国家在这一经济－医疗保健转型中当然已经走得更远。大多数高收入国家都在20世纪实现了医疗保险的全民覆盖，但是它们的进展情况因各自不同的文化价值观和历史环境而有所不同。[57]

表7.1 迈向经济－医疗保健转型的若干国家的情况 （单位：%）

国家（世界卫生组织成员）	正式总参保率[1]	医疗保健支出占GDP的百分比（2007）	自付支出占总医疗保健支出的百分比	年均GDP增长率（2001—2010年）[2]
阿根廷	99.9	10.0	23.9	4.4
亚美尼亚*	100.0	4.4	51.5	8.5
孟加拉国*	0.4	3.4	55.8	5.8
白俄罗斯	100.0	6.5	17.3	7.4
布基纳法索	0.2	6.1	39.4	5.4
佛得角	65.0	4.5	18.4	5.8
中国*	23.9	4.3	53.9	10.5
哥伦比亚*	31.3	6.1	6.4	4.0
哥斯达黎加*	100.0	8.1	19.2	4.3
多米尼加*	84.0	5.4	54.7	5.1

（续表）

国家（世界卫生组织成员）	正式总参保率[1]	医疗保健支出占GDP的百分比（2007）	自付支出占总医疗保健支出的百分比	年均GDP增长率（2001—2010年）[2]
厄瓜多尔	73.0	5.8	48.3	4.3
埃及	47.6	6.3	56.3	5.0
冈比亚	99.9	5.5	29.3	4.3
格鲁吉亚*	55.0	8.2	72.1	6.2
加纳*	18.7	8.3	50.0	5.4
洪都拉斯*	65.2	6.2	45.5	4.1
印度*	5.7	4.1	75.6	7.4
印度尼西亚*	54.6	2.2	32.9	5.2
约旦*	80.0	8.9	44.4	6.2
哈萨克斯坦*	75.0	—	35.4	8.1
老挝	16.1	4.0	74.1	7.1
拉脱维亚*	87.0	6.2	35.8	4.0
黎巴嫩*	95.1	8.8	39.3	5.3
马里	2.0	5.7	48.1	5.6
蒙古	100.0	4.3	13.8	6.4
摩洛哥	41.2	5.0	48.7	5.0
纳米比亚	22.5	7.6	5.4	4.5
尼日尔	0.7	5.3	40.3	4.8
阿曼	100.0	2.4	10.2	4.9
巴拿马	100.0	6.7	25.1	6.2

第七章 成本病与全球健康

（续表）

国家（世界卫生组织成员）	正式总参保率[1]	医疗保健支出占GDP的百分比（2007）	自付支出占总医疗保健支出的百分比	年均GDP增长率（2001—2010年）[2]
秘鲁*	71.0	4.3	33.2	5.7
罗马尼亚	100.0	4.7	24.7	4.12
俄罗斯联邦	88.0	5.4	30.0	4.87
卢旺达*	36.6	10.3	22.7	7.61
塞内加尔	11.7	5.7	61.9	4.03
塞尔维亚	96.2	9.9	25.1	4.19
斯里兰卡	0.1	4.2	43.6	5.1
叙利亚	29.2	3.6	52.4	4.23
泰国*	97.7	3.7	27.3	4.33
突尼斯*	99.0	6.0	46.0	4.54
土库曼斯坦*	82.3	2.6	33.3	13.0
乌干达	0.1	6.3	37.9	7.44
乌克兰*	100.0	6.9	41.1	4.47
坦桑尼亚*	14.5	5.3	34.0	6.9
越南*	23.4	7.1	60.5	7.23
也门	6.3	3.9	51.0	4.3

注：除非另有说明，表7.1中显示的数据都来自本章中识别过和讨论过的数据来源。*表示已经在努力实现医疗保健全民覆盖的国家，包括一些仍在努力控制自付支出比例的国家。[1] 根据国际劳工组织（2008），"正式总参保率"是指每个国家享有医疗保险的人口百分比。[2] 资料来源：国际货币基金组织（2008）。

资料来源：国际劳工组织（2008）、国际货币基金组织（2008）和世界卫生组织（2009）的数据。

那些没有实现全民覆盖的国家，如美国，尽管采取了管理式医疗（managed care）和医院报销计划（hospital reimbursement scheme）等强有力的成本控制措施，但是它们的总医疗保健支出也一直在增长。不幸的是，对这些国家来说，随着疾病费用的增加和医疗保健支出的增加，实现全民覆盖的障碍只会越来越大。而且悖谬的是，当一个相对贫穷的国家的医疗保健支出仅占GDP的5%时，推行旨在实现全民覆盖的改革反而可能更加容易。一旦一个国家变得富裕起来，医疗保健支出占GDP的比例达到了15%或更多，克服政治和财政障碍反而会困难得多。

富国和穷国之间的经济差距很可能会随着各国的转型而加剧（尽管在不同时间发生，而且有不同的速度）。人才外流（即训练有素的医疗人员从较贫穷国家流向较富裕国家）和"医疗旅游"带来的紧张局势也会加剧这一问题，因为这两者都会导致一个日益一体化的全球卫生市场。鉴于医疗保健在经济中日益增长的重要性，它肯定会在相关国家的劳动政策和财政政策的辩论中以及在国际贸易和发展中占据显著地位。[58]

发展中国家很可能会重复已经成熟的发达国家的经验。随着疾病总体负担的下降，以及越来越多的国家都变得能够负担得起不断上升的医疗保健支出，不公平和灾难性的医疗保健支出的负担将越来越多地落在普通公民身上，特别是在任何特定年份中患上了重病的那一小部分人口身上，除非这些国家正朝着医疗保险全民覆盖的方向发展。随着医疗保健支出增加，医疗保健成本问题将会退位，让位于不平等问题和提供全民医疗保障为何日益困难的问题。[59]

早在几十年前，布莱恩·阿贝尔-史密斯[60]就强调过，必须更好地认识到医疗保健筹资对全球卫生的影响。我们认为，如果没有医疗经济学第一定律（即人均医疗保健支出与人均GDP密切相关），就无法理解这些影响。而且这两个因素叠加到一起，会使成本问题在那些习惯于脱离宏观经济生产率来考虑医疗保健的国家里，变成一个更为复杂的问题。随着发展中经济体以前所未有的速度增长，世界各地关于医疗保健改革的辩论必须从增加援助或控制成本的简单尝试，转向更有效和更公平地配置医疗保健资源的新战略。

第二部分

成本病的技术因素
THE COST DISEASE

WHY COMPUTERS GET CHEAPER AND HEALTH CARE DOESN'T

第八章
混合产业与成本病

> 每种植物都有它的寄生虫，每个人都有自己的情人和诗人。
> ——拉尔夫·瓦尔多·爱默生（1914）

成本病对研发的影响不亚于对教育、医疗、表演艺术和其他在技术层面上停滞不前的个人服务的影响。尽管研究人员使用的计算机和其他设备的实际成本往往会显著下降，因此研发肯定属于进步部门，但是成本病仍然会导致研发的实际成本持续上升。就像生产率不容易提高的其他服务一样，由"纯粹的思考"构成的那部分研究，是无法从劳动节约（从而抵消工资上涨）的好处中受益的，而后者正是生产率不断提高的经济部门的特征。

许多行业都严重依赖于具有不同技术属性的各种投入品，有

---

* 本章的部分内容，基于我的以下两本著作：*The Free-Market Innovation Machine*（2002，第15章），以及 *Productivity and American Leadership*（1989，第6章）。

一些来自进步部门,另一些来自停滞部门。如果生产以不变的比例使用来自两个部门的投入品,那么产品通常就会遵循来自停滞部门的投入品的成本行为,随着时间推移,来自进步部门的投入品会逐渐失去对最终产品的总成本的影响。[1] 这既不是巧合,也不是偶然,而是内在于成本病的结构中。当然,我们还必须承认,成本的"行为模式"随不同情况而异,至少在某种程度上如此。但是无论如何,我们在这里描述的关于成本病的基本理论肯定是广泛适用的。

渐近停滞部门

在我和鲍恩首次引入成本病模型的几年后,它被扩展到了一个混合部门,即通常所称的"渐近停滞部门"(asymptotically stagnant sector)。[2] 这个部门生产使用的投入品,部分来自进步部门,部分来自停滞部门。渐近停滞部门的产品的两个常见例子是电视广播和科学研究。电视广播的主要投入品是电子设备和现场表演,科学研究的主要投入品是精密硬件以及专门用于软件开发和数据收集的人工劳动。[3] 还有一个极具启发性的例子是,咨询公司的消费者调查,其中包括了对大量消费者进行个人访谈。在分析数据时,顾问们要密集使用计算机硬件,这些硬件显然是进步部门的产品,而且在不断地变得更便宜、更强大。但是通过个人访谈收集数据则基本上属于停滞部门的活动,几乎没有为劳动节约型改进提供什么空间。

当两个事物随着时间推移表现得越来越相似时，我们就说它们表现出了渐近行为。那么，为什么我们要称这类部门为渐近停滞部门呢？在渐近停滞部门中，刚开始时，产品的成本通常会遵循来自进步部门的投入品的成本行为。由于这类投入品的实际成本是稳步下降的，渐近停滞部门的产品也趋向于变得不那么昂贵。但是恰恰是因为来自进步部门的投入品的成本是稳步下降的，于是它在产品总生产成本中所占的份额就越来越小。相反，来自停滞部门的投入品在总成本中所占的份额却在不断增加。因此，回到我们刚才举的咨询公司的例子，计算机硬件的成本最终只会成为该公司总支出中一个微不足道的部分，而用于访谈消费者及相关活动的运营预算所占的比例则会稳步上升。最终，这些来自停滞部门的投入品将会消耗掉该公司几乎所有的预算。因此，预算总额必定会"紧跟"来自停滞部门的投入品的成本变动，而且我们知道，这种成本注定会随着时间的推移而增加。[4]

电视广播的例子极具启发性。现在假设要拍摄一集有10个人参演、时长一小时的肥皂剧。这种电视剧每集的成本主要包括演员、导演、摄像师和其他必要的辅助人员的工资，此外还包括要将表演传送给观众的电子设备在运转时产生的费用。这些年来，这类设备已经得到了实质性改进，从而大大降低了电视广播中的那部分成本。因此，演员和制作人员的工资将在节目预算中占据越来越大的比例。

渐近停滞部门应该还包括一些高科技产业。不过，也许最值得注意的例子是研发过程本身，它在创造催生成本病的生产率提高方面发挥着根本作用。而这就意味着，随着时间推移，一些产品将无法有效抵消停滞部门中实际成本上升的影响。

渐近停滞的研发活动

研发成本轨迹具有明显的渐近停滞活动特征。这是因为，研发活动要使用两种类型的投入品：脑力劳动（即人的时间）和技术设备（如计算机）。计算机组件和许多其他高科技研究工具的成本，在总研发成本中所占的比例正在迅速下降（例如，质量和计算能力实际上有所提高的计算机的价格）。但是另一种投入品的成本，即思考行为本身，则有极大的不同。思考是研究过程中一个至关重要的投入品，但是似乎没有什么理由认为我们当代人比牛顿、莱布尼茨或惠更斯更精通这项手工艺活动。因此在硬件成本不断下降的同时，研发活动的劳动成本却在持续稳步上升。[5]

这种不断上升的劳动成本对研究的停滞部门成分，即研究人员纯粹的思维活动本身（尽管无法量化）的影响，可能会使创新活动的融资更加困难，从而成为创新的障碍。举例来说，假设一家公司面临着高昂的研发劳动成本，如果它想要增加产量，那么就可能会发现必须拒绝研发部门提出的买入更新、更高效的机器的投资计划，转而支持购买更多的当前型号（更便宜、更低效）机器的投资计划，因为这样做使该公司可以将更多的研发预算用于支付研究人员的工资。因此，创新成本上升可能会导致减少研发投资的筹资战略，从而进一步损害研发生产率，而这反过来又会阻碍整体生产率的提高。

渐近停滞部门与公共福利

由于需要同时使用来自进步部门和停滞部门投入品的产品都属于渐近停滞的产品，所以渐近停滞的产品非常多，因此刚才描述的情景可能对整个经济生产率的提高产生重大影响。但是，再一次地，研发的放缓绝非不可避免。虽然增长率差别很大，但是进步部门和停滞部门的生产率总体上都在提高。正如我们在前文指出的，一个几乎所有产出的生产率都在提高的经济体，肯定负担得起更多的东西。因此，尽管停滞部门和渐近停滞部门的成本都出现了上升，但是相关企业并没有必要削减研发经费，正如消费者没有必要减少对医疗保健或教育服务的使用一样。

然而，对于某种特定产品来说，尽管在成本病毫不留情地增加其实际成本时，产量不一定减少，但是产量将会减少的情况仍有可能。这种减少可能是由于某种误解所致：该产品的潜在购买者可能认为它不再是负担得起的。我们在前文已经看到，这个结论是不对的。另一种情况是，产出下降可能是因为产品价格上涨使得潜在购买者认为，将资金投向实际价格上涨较慢甚至下降的产品更有吸引力。

例如，如果企业将后一种策略应用到研发的实际支出上，那么作为成本病根源的整体生产率提高将会放缓。因此，成本病本身可能会抑制公司的研发支出。而且正是通过这种途径，成本病最终可能会削弱自己，就像寄生虫吞噬自己的宿主一样。

成本病不会同等程度地影响每一项服务，它与特定服务的关系更加复杂、微妙。渐近停滞部门与成本病之间的相互作用在很大程度上影响了创新的步伐，进而影响了经济增长。此外，人们也很容易认为，创新的生产率的提高速度下降可能会严重损害公共福利。由于复利效应的存在，即便是生产率增幅的微小下降，如果持续几十年，也会导致经济产出和生活水平的大幅下降。在这种情况下，物质繁荣仍会增长，但是将无法再度达到近几个世纪以来那种前所未有的速度。

第九章
生产率增速、就业配置以及商用服务的特殊情况

> 人不能两次踏入同一条河流，因为新而又新的河水不断地往前流动。
>
> ——赫拉克利特（转引自 Bartlett，1992）

任何总体消费者价格水平指数都是经济中所有商品价格的某种平均。因此，如果所有商品（经通胀调整后）的实际价格没有以相同的速度上涨，那么就必定会有一些商品的实际价格以高于平均水平的速度上涨。这意味着它们的实际价格在上涨而其他商品的实际价格则必定在下降。[1]因此，正如我们在前面已经看到的，成本病的故事有两个方面：第一个方面涉及实际价格注定要上涨的那些产品（即停滞部门的个人服务），另一个方面则涉及实

---

* 本章由莉莉安·戈莫里·吴（Lilian Gomory Wu）和威廉·鲍莫尔写就。

际价格注定要下降的几乎所有其他产品（特别是进步部门的制成品）。

正如我们在第二章中看到的，实际价格持续上涨的商品集合在几十年来一直保持大致不变，同时实际价格在下降的商品集合也大体上如此。[2] 此外，我们还看到，那些实际价格不断上涨的商品和服务，生产过程中都包含了基本上无法再削减的劳动成分。之所以无法削减，要么是因为产品本身的性质，要么是因为要保证产品质量需要直接的人力投入。相比之下，实际价格和成本不断下降的那些产品的生产过程是可以自动化的，这就意味着可以减少其劳动含量，而且它们的质量不受自动化的影响，或者至少有所提高。本章着重讨论另一类生产率不断提高的商品，在以往的成本病文献中，这类商品基本上被忽略了。

农业领域实际成本的持续下降

虽然成本病的成本下降那一面基本上被忽视了，但是这并不意味着进步部门的实际价格下降也被忽视了。电子计算机和相关设备的价格迅速下降可能是最明显的例子。另一个典型例子是电信服务和相关设备的价格持续下行。同样重要但可能不那么明显的是，厨房设备、电视机和其他家用电器的实际价格下降。我们现代生活方式的所有这些基本组成部分的价格上涨率，全都远远落后于通胀率。

也许更令人惊讶的是，大部分农业部门的成本也出现了同样的变化。在17世纪和18世纪的欧洲大部分地区，半数以上的劳动力都从事农作物生产和相关活动。[3]在独立后不久的美国，这一比例甚至更高。然而大多数欧洲人还是缺乏可靠的食物来源。在农业生产条件较好的那些年份，他们可以依靠粮食和咸鱼勉强维生。也许每十年就会有一次，农作物产量非常低，足以引起大饥荒，导致饿殍遍野。只有少数几个国家，尤其是英国和美国，有幸逃过了这种反复发生的灾难。当然，在英国和美国，也是大多数劳动力都从事农业生产。

相比之下，在今天，无论是欧洲还是美国，农业部门的劳动力都不到总劳动力的3%。[4]然而，占比如此之低的劳动投入，却导致了一个过去人们做梦也想不到的问题：农业出现了长期剩余，有的时候甚至迫使政府不得不向农民支付补贴，以便让他们同意减少产量。高度机械化的农场只需要很少的农业工人，因此农产品的劳动含量大幅减少，其实际成本也随之大幅下降。这是企业家的创新活动推动某个经济部门技术进步的又一个引人注目的例子。是的，企业家能够确保有前途的创新得到有效利用。

除了政府补贴，粮食从短缺到过剩的巨大转变还可以归因于技术创新和农业自动化程度的提高。现在，农业生产中栽培的作物品种拥有抗病虫害的能力，而且广泛使用了动力强劲、功能强大的农业机器设备和先进的化肥和杀虫（除草）剂，因而能够以更少的劳动投入带来更高的产量。因此，这场农业革命背后的变化与影响制造业的变化非常相似。

所有这些都是很重要的，因为生产率提高以及由此带来的价格和成本降低，确保了大多数人的生活水平可以得到改善。许多以前难以企及的奢侈品都变得负担得起了，特别是如果消费者能够从生产率提高带来的实际工资上涨中受益的话。因此，本书第四章得出的"我们负担得起"的结论意味着，改善的医疗保健和教育服务是人们仍然负担得起的，即便对收入较低的社会成员来说也是如此。

对于进步部门，成本病分析揭示了什么

这种创新性发展在进步部门带来了什么后果？成本病分析能够提供一些极具启发性的观察结论。与农业一样，制造业在美国劳动力中所占的份额也在大幅稳步下降，从1959年的差不多30%下降到2007年的不到10%。[5] 这一点从下面的图9.1可以看得非常清楚。

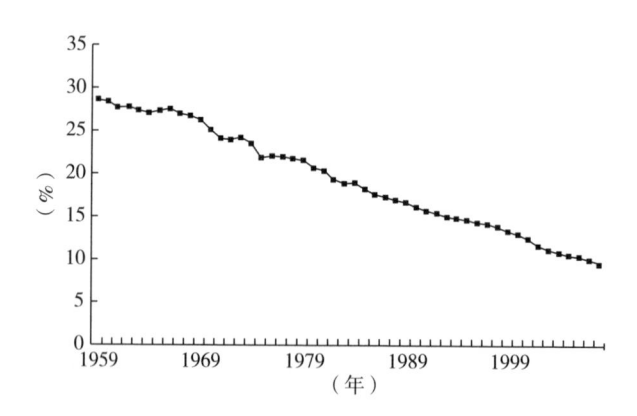

图9.1　1959—2007年美国制造业就业人数占比的变化

资料来源：基于美国劳工统计局的数据绘制。

从美国制造业就业人数在不断下降这个事实，许多人往往会得出这样的结论：中国和日本等国家正在"偷走"美国的出口能力。但是，实际上的问题要复杂得多。近几十年来，中国和日本的制造业就业人数也出现了下降。尽管在中国这一趋势在2002年一度发生了逆转。[6] 事实上，美国农业和制造业中就业岗位的减少是一种成本病现象，如果加以妥善处理，这种现象可能是良性的。这种实际价格下降带来的威胁与传统观点认为的截然不同，而且同时也遭到了广泛的忽视。当然，我们绝不能忽视市场被外包抢走的问题，在很长一段时期，这都将是一个严重的问题。

生产率增速和商用服务的特殊情况

　　成本病对整体生产率的提高速度也有一些值得注意的影响。在我们早期关于成本病的论文中[7]，我们中的一位曾经以为，成本病往往会减缓一个经济体整体生产率的提高速度，原因很简单（我们接下来马上会看到）。但是现在看来，这个结论并不像当初认为的那样具有决定性。首先，结果取决于我们如何对进步部门和停滞部门的增长率取平均值，正如我们在前面第六章已经看到的，没有任何最终优于"将苹果和橘子相加"的计算方法。其次，并非所有服务业的产品都是直接流向消费者的。停滞部门的某些服务，例如咨询建议，是由商业企业购买的。尽管向企业提供的服务的生产率提高速度也在趋缓，但是由于我们马上就会看到的原因，这些服务在总产出中所占份额的增加实际上可能会提高整体生产率的增加速度，或者至少在一段时间内是这样。[8]

确实，现在有越来越多的服务产品不是直接由消费者使用，而是由商业企业购买用于它们的生产。一个典型例子是商业企业使用的软件。这种服务的一个突出特点是，可以（而且经常）连续经历两次生产率提高，而不是只经历一次。第一次提高发生在服务本身被生产出来的时候，第二次提高则发生在服务被生产企业投入使用的时候。每一次生产率提高都可能是相对温和的，但是它们合到一起就可能会带来生产率的大幅提高。

不妨考虑一个高度简化的例子，它只涉及单一的最终制成品和两种投入品，即软件和劳动。制造商A把软件开发工作外包给专门的软件供应商B。B公司为了更好更快地开发出新软件，购买了一些更好的计算机和基础软件，这使得它的生产率平均每年可以提高1%。相比之下，A企业在竞争的推动下，也提高了投入品的利用效率，使它的生产率平均每年提高3%。因此（正如在现实生活中一样），商用服务公司的生产率提高速度可能会比制造业企业慢得多。然而，由商用服务公司生产的软件确实导致了两轮生产率提高，在软件的研制期间每年提高1%，在软件的使用期间每年提高3%，因此，贡献给最终产品的是远远不止每年3%的总体生产率提高。

尼古拉斯·奥尔顿是第一个总结了这种现象的人，他还把这个故事推进了一步。奥尔顿认为，由成本病引发的劳动力从快速增长的制造业转移到缓慢增长的商用服务业，实际上加快了经济整体生产率的提高速度。[9]这是正确的。要理解为什么如此，请读者再次想象这样一个经济体，它只生产两种产品：制成品和软件（分别由不同的企业生产）。假设制造业企业要使用两种投入品——软件和劳动；而软件的研制则只需要投入劳动。再假设在最初的时候，一半的劳动力从事制造业，另一半则从事软件开发。与前面的例子一样，进一步假设软件研制的生产率每年提高1%，而制造业劳动的生产率则每年提高3%。与此同时，通过将两个阶段结合起来，软件劳动的生产率获得了如刚才描述的双重增长，因此，尽管软件开发是一个生产率增长相对缓慢的行业，但它的产品使整体生产率每年提高4%，稳步超过制造业劳动3%的年生产率增长。

现在再来考虑一下，如果员工持续从制造业转移到软件开发业，直到只有四分之一的劳动力在制造业工作、其余的人都从事软件研发为止，那么又会发生什么情况。这种调整的效果应该是显而易见的。如果我们让工人从快速增长的行业转移到缓慢增长的行业，而不是降低全部劳动力的整体生产率的增长速度，那么平均增长率将从3.5%增加到3.75%：即从（0.5）×3 +（0.5）×4 = 3.5 增加到（0.25）×3 +（0.75）×4 = 3.75。增长率的提高幅度看起来也许并不大，但是随着时间的推移，复利效应必将导致巨大的整体经济增长。

并非所有的服务行业都属于停滞部门

与其他服务一样，企业对企业的服务很容易被归入停滞部门。

停滞部门的生产率增长速度低于制造业的典型水平。但是，正如我们在这里将会看到的，对商用服务的分析，将有助于消除文献中经常重复的一种错误印象，即所有或大多数服务行业都是成本病的受害者。尼古拉斯·奥尔顿指出，商用服务业的增长率表现与停滞部门的消费服务业有非常大的不同，这是因为前者被用作生产其他产品或服务的投入品，通常会带来两轮或两轮以上的生产率提高。[10]

这也就意味着，商用服务在总产出中所占份额的扩大，可以提高经济整体生产率的增长速度（显然在现实世界中也确实如此），尽管与生产这些服务有关的工作本身可能会抵制重大的劳动节约型改进。虽然商用服务的生产是在增长缓慢的停滞部门进行的，但是一旦这些服务被其他企业使用，它们带来的成本增长速度却比经济的平均水平慢得多。因此，尽管商用服务是在停滞部门中生产出来的，但是它们能够躲过而且确实躲过了成本病带来的成本上升。

如何拓展商用服务业

从外部向企业提供服务并不是一种新现象。即便是最大的企业也需要长期从外部的提供者那里获得银行和会计服务。[11] "制造还是购买"，即选择内部供给还是从外部购买商品，即便在美国殖民地时期也是很常见的，当时美国企业使用的钟表等物品都是从英国购入的。

然而，这里出现的新情况是，企业间采购的服务的数量迅速扩大，它们在整个经济就业中发挥的作用日趋重要，以及它们对经济生产率提高速度的影响不断增加。特别是计算机和互联网，在这些服务的发展中发挥了核心作用。现在，即便是最大的制造企业，也需要安装、维护和更新计算机设备的专业人士（这些设备在近几十年来使企业的生产率得到了大幅提高）。此外，互联网的出现使企业可以从遥远的地方获得这些服务，那里的工资要低得多，从而大大降低了本土公司的成本。

在美国，商用服务部门雇用了将近1 700万人，大约占到了全国就业劳动力的12%。[12] 从1979年到2009年，从事商用服务的人口数量增长了差不多130%，也就是说，商用服务部门增加了900多万个工作岗位，这种增长几乎占到了这个时期所有就业增长的四分之一。[13]

在欧洲，商用服务也是经济中增长最快的部门之一。一项研究报告称，从1979年到2001年，商用服务贡献了54%的就业增长和18%的收入增长。[14] 2003年，欧洲商用服务部门雇用了1 900多万名劳动者，产值达到了1万亿欧元，占到了欧元区GDP的11%。这个部门的就业增长率为每年4.4%，领先于所有其他经济部门。尽管如此，正如该研究报告的作者指出的，欧洲的商用服务公司通常规模很小，可能低于最高效率所需要的规模，而且由于"市场细分和缺乏市场透明度，这个行业内部的企业之间的竞争相对不激烈"[15]。所有这些都表明，我们可以期待，随着企业家的经验增加和效率提升，欧洲的商用服务业还会进一步扩大。

进步部门的商用服务

正是因为其劳动含量在很多时候都很难显著地削减,所以商用服务往往会被"分配"到停滞部门。但是,正如我们已经看到的,商用服务的使用在许多情况下都带来了累积性的生产率提高,而这又使它们光明正大地进入了进步部门。此外,在技术取代人力的情况下,生产和提供某些商用服务的活动也可能实现生产率的快速提高。在这一点上,电信行业或许提供了一个非常好的例子。只要将当今廉价且几乎实时的全球通信能力与过去的状态稍做比较,我们就可以对这个行业惊人的生产率提高有一个很好的把握。例如,1777年10月17日,英国将军约翰·伯戈因(John Burgoyne)在萨拉托加投降,这是美国独立战争的一个重大转折点。然而不幸的是,胜利的消息直到12月6日才传到正在巴黎寻求法国对美国战争支持的本杰明·富兰克林那里,那已经是这个事件发生一个多月之后了。

由进步部门提供的这类商用服务的范围非常广泛,包括各种各样的项目,如商业战略策划和商业运营咨询、统计分析和风险计算、数据管理和分析,以及用于动画电影制作的计算机软件包等等。[16] 所有这些活动都见证了生产率的显著提高,而且这种提高可以归因于生产中采用的先进技术,它们都属于进步部门提供的服务。

因此,认为所有服务都是成本病的受害者的观念其实是一种误解。这里有许多例外,而且它们对经济具有重要意义。接下来,我们将介绍其中一些值得注意的例子。在这些例子中,生产、交付和使用商用服务的过程需要若干个累积性的步骤，每一个步骤都有助于整体生产率的提高。因此合到一起，各个步骤有限的贡献可能会带来等同于甚至超过进步部门的生产率提高。

在这里，我们首先要讨论的是IBM（国际商业机器公司）[17]向安富利公司提供信息技术商用服务的例子。安富利公司是一家全球技术分销商，不仅为各大型高科技制造商（如思科、惠普、IBM和甲骨文）提供服务，而且也为将大型高科技公司的产品推向市场的许多分销商提供服务。此外，为了突出商用服务可以应用的不同环境，我们还提供了另一个案例研究，它是关于太阳世界公司的，这是一家总部位于加利福尼亚的食品种植商，为提高农业运营的生产率它使用了商用服务。

案例研究1：安富利公司利用商用服务改善其高技术行业客户之间的沟通和效率

像安富利公司这样的技术分销商，在互联网时代提供服务的最简单形式是，建一个在线门户商务网站，为经销商研究和购买各个不同制造商的产品提供便利。当然，这些分销商还可以提供更复杂的服务，即在实际中扮演着商业顾问的角色，帮助经销商管理库存和财务、申请支付订单所需的贷款，以及找到其他更有效地开展商业经营的方法。在其中一些情况下，商用服务是以个人方式提供的。然而，在其他情况下，像安富利公司这样的分销商使用的计算机系统，不仅方便了制造商和经销商之间的订货和沟通，而且还存储了过去交易的信息，供经销商和制造商在做出业务决策时使用。

经销商只要使用安富利公司提供的"渠道连接门户网站",就可以轻松、快速地获取丰富的信息:关于现有产品及其预计发货时间的信息、关于可能更具成本效益或可能交货周期更短的替代产品的信息、关于交易对手信用状况的信息、关于订单状态的信息、关于如何从制造商那里获得最大回扣和其他奖励的信息等等;甚至还可以获得一般的市场信息,如特定技术的采用状况。这个门户网站还可以让制造商获得关于资产流动(例如,准时交货率、运输成本和仓库库存)和财务事项(例如,未完成的采购订单)的实时信息,以及经销商对自己相对于竞争对手的业绩的评价。这些信息显然对制造商做出更好的长期决策大有助益。

安富利公司的商用服务是通过一个专门的门户网站提供的,它使制造商和经销商能够实时获得关于其订单的个性化信息。这个门户网站由IBM帮安富利公司创建。从IBM的角度看,这个门户网站的基础技术已经为它的生产率进步做出了贡献。尽管IBM由此获得的直接收益可能是有限的,但是至少在理论上,它们控制了IBM用于创建安富利公司门户网站的技术设计和构建成本。但真正的要点是,这项技术并没有交付给消费者,而是被转移到了安富利公司。在安富利公司,这项技术成了一种投入品,即安富利公司通过使用门户网站来提高其经济活动的生产率。最后,这个门户网站还可以让买方和卖方(安富利公司的客户们)更有效地开展它们的业务活动,这就直接提高了他们的生产率。这里关键的一点是,与直接向消费者提供的服务不同,安富利公司的门户网站实现了三轮生产率提高，它们合在一起带来了成本的大幅降低。

利用渠道连接门户网站，制造商和经销商都可以更快地处理订单。据统计，订单履行时间最多可以减少80%。这个门户网站还提高了安富利公司自身业务的生产率。在渠道连接门户网站于2002年正式推出之后，安富利公司销售人员的生产率提高了三分之一以上，公司的相关信息技术成本则降低了20%，其中仅仅是与软件应用程序的维护和修改相关的成本就减少了100多万美元。在这个门户网站投入使用的第一年，安富利公司在渠道连接系统上的投资就获得了大约360%的回报。而且事实上，在上面这些生产率收益实现之前，IBM的生产率就已经有所提高了，因为渠道连接门户网站是IBM与安富利公司合作设计和构建的。

因此，安富利公司的渠道连接门户网站带来的生产率提高很好地说明了与商用服务相关的生产率提高可以出现很多轮。在这个例子中，渠道连接门户网站是IBM开发的一项技术，它为安富利公司和该公司的客户提供了提高生产率的商用服务。因此，渠道连接门户网站提供了三轮（而不仅仅是两轮）生产率提高：在IBM创建门户网站时的生产率提高，在安富利公司最初使用该门户网站时的生产率提高，以及在安富利公司的客户使用渠道连接门户网站来提高自身效率时的生产率提高。

案例研究2：利用商用服务和数据分析提高农业生产率

总部位于加利福尼亚的太阳世界公司种植水果和蔬菜并向全球

分销。太阳世界公司长期利用相关数据及其分析结果来推动农业运营。十多年来，该公司在财务分析和规划中使用了作物产量、消费趋势、天气、劳动力、燃料成本和水资源管理等方面的数据。但是，太阳世界公司以往主要依靠人工数据采集和分析方法。这种收集和分析经营数据的方法非常缓慢，往往需要辛苦工作数月之久才能得到结果，而这就意味着要到下一个生长季节才能应用得到的结果。[18]

2006年，太阳世界公司聘请IBM和应用分析公司（Applied Analytix），目标是在这两家公司的帮助下，利用数据分析商用服务，以近乎实时的方式分析作物产量、农场劳动力成本、用水量、作物生长模式以及更广泛的销售和分销过程，然后在需要改进的地方立即做出调整。这两家公司的专家合作设计了一个内嵌了实时数据分析工具的计算机系统，用来监测和分析太阳世界公司收集的相关运营数据，帮助它发现问题并迅速找到解决方案。

例如，在这个系统投入运行之后，太阳世界公司每个葡萄园的每个员工每小时收获的葡萄数量（箱数）现在都处于持续监控之下，并且每5分钟就被整合到一个分析引擎中，从而使公司能够比较不同设备和收获团队的生产率，然后确定哪种方法能够产生最好的结果。这个系统还使太阳世界公司能够分析根系、时间、位置、灌溉、作物类型和其他因素的相关数据，以便预测哪种组合能够以最低成本生产出质量最好、产量最高的产品。

这项新技术提高了太阳世界公司的作物产量，减少了浪费，并显著提高了它的整体生产率。例如，通过评估不同灌溉系统对作物产量的影响，太阳世界公司的总用水量自2006年以来减少了8.5%

以上。与此同时，它还通过将农业设备更好地与特定的收割任务相匹配，降低了20%的燃料消耗。此外，通过跟踪每个员工每小时收获的作物数量（箱数），太阳世界公司的劳动效率提高了8%，劳动和配送成本则降低了10%~15%。

及时的数据收集和更强的分析能力，显然对太阳世界公司提高其整体生产率大有助益。这个结果有力地证明了第二轮生产率提高的存在，而这正是商用服务的根本特征。在这个例子中，第一轮生产率提高发生在IBM和应用分析公司，这两家公司利用数据分析提高了自身运营的生产率（包括向客户提供商用服务的效率）。

我们在这里列举的例子应该非常清楚地说明了商用服务的各种典型用途，以及设计、生产和使用此类服务涉及的多个阶段。在商用服务的研发、改进和部署的每一个阶段，都可以预期会出现一些额外的生产率提高。即便生产率提高在每个阶段都是相对温和的，但是当把这些不同阶段的生产率提高合到一起后，就会在总体上创造出非常可观的生产率提高。

通过促进创新提高生产率的商用服务

还有其他一些商用服务则聚焦于创新过程本身，即通过改进企业创新的方式来帮助企业提高生产率。[19] 这类商用服务通常会导致多个阶段的生产率提高。一个明显的例子是某种新软件的发明，有了这种软件，其他人就更容易将发明者的想法付诸使用。在这种情况下，生产率提高在软件设计和使用两个阶段都会发生。

第九章　生产率增速、就业配置以及商用服务的特殊情况　　135

鉴于创新在刺激企业内部生产率提高和更大范围的经济增长等方面都发挥着重要作用，这种服务的重要性应该是所有人都看得见的。然而，正如最近的一份研究报告表明的，将一个新想法推向市场并不是一个简单的过程。[20] 虽然我们知道，关键参与者之间的合作，例如通过某种形式的行业委员会和会议，是促进创新和提高创新过程的生产率的重要因素之一，但是从来没有放之四海而皆准的创新路线图可以遵循。俗话说得好，"三个臭皮匠，顶个诸葛亮"，尤其是在需要用到多种类型的专业知识的时候。

协同创新的兴起

如今，最擅长创新的公司也往往是由最好的合作者组成的公司（无论是从内部看还是从外部看）。当需要处理复杂的问题或复杂的技术时，往往需要不同个体、公司内部不同部门或不同协作企业的有效参与，因为处理复杂问题（技术）的不同部分所要求的能力可能会有所不同。而且，通过分享想法，这些合作者可能会构想出新的商业模式、设计更合理的流程和更新颖的技术，而且速度也会更快，因为每个合作者都贡献了自己最擅长的东西。

例如，IBM、索尼和东芝三家公司合作开发了用于索尼PlayStation游戏机的细胞宽带引擎芯片。IBM还提供了用于其他游戏系统的计算机芯片，如微软的Xbox 360和任天堂的Wii。这种协作明显加快了开发过程，从而提高了生产率。

在接下来的案例研究中，我们将会看到一家公司（IBM）如何运用聚焦创新的商用服务，通过促进相互协作的员工之间的沟通，提高创新的生产率。这里描述的例子特别值得注意，因为它们涉及的都是"超大型促进创新的创新"（mega-innovative innovations），也就是说，它们是作为投入品的创新，能够促进其他创新的出现。因为IBM是将这些服务提供给其他公司的，所以它们都被归类为商用服务。

我们在前面讨论的两个案例研究中描述的是可以在生成和分析新想法的过程中提高生产率的商用服务。接下来给出的第三个案例研究，涉及的是IBM用来在改进和发布新技术的过程中刺激生产率提高的商用服务。

案例研究3："Jams"——商业创新的众包模式

基于"最好的想法可能来自任何地方"，IBM的"Jams"（即兴大会）提供了一个众包式[21]的促进商业创新的新途径。[22] 从根本上说，"Jams"就是一场有针对性的在线讨论，它以某个特定的主题为焦点，让成百上千甚至数十万人以平等的身份聚集在一起，激发大家提出新想法，其中的一小部分想法会得到"培育"和发展。"Jams"可以将那些通常没有机会见面和交流思想的人聚集在一起。

例如，IBM于2006年举办的"全球创新即兴大会"（Global Innovation Jam）[23]，吸引了来自104个国家和67个组织和大学的15万多人，包括IBM的员工及其家属、大学生和教师、IBM的客户和业务人员，他们共同回顾IBM研发过程中出现的新技术及其可能的应用。这场全球创新即兴大会期间产生的创意，最终使IBM推出了10个新产品、新服务和初创企业，种子投资总额达到了1亿美元。两年后，这些新产品、新服务和初创企业中的许多已经全面投入运营，并取得了令人印象深刻的成就。[24] 之后，这些新业务单元中有好几个已经成长为IBM的核心产品和服务。

IBM的"Jams"以及用来保证这种即兴大会能够顺利举行的技术现在也已经提供给其他企业了，从而刺激了第二轮生产率提高。2007年，IBM和一个代表美国汽车零部件供应商的行业组织原始设备供应商协会（Original Equipment Suppliers Association）联合主办了"汽车供应商Jam"，来自汽车行业数百个组织的2 000多名首席执行官、业务部门主管、中层管理人员和工程师汇聚一堂，分析北美汽车零部件供应商面临的主要挑战，并就如何协作提出解决方案。[25] 这场即兴大会让来自不同管理级别和不同管理职能的人聚集到一起，尽管他们永远不可能聚集到物理世界中的同一时间和地点，民主地分享彼此的想法。

作为一种协作方法，"Jams"的应用并不局限于商业领域。例如，2005年，IBM、加拿大政府和联合国人居署（联合国主管人类居住事务的机构）共同主办了一场"人居即兴大会"（Habitat Jam）。[26] 来自150多个国家的数千人，包括城市规划专家、政府领导人和城市居民，甚至还包括临时到网吧上网的贫民窟居民一起参加了"人居即兴大会"，他们提出了1.5万多个关于改善世界主要城市的环境、健康、安全和生活质量的想法。

总的来说，事实已经证明，"Jams"是一个能够刺激草根创新的有效工具。这是因为"Jams"能够让大量通常没有机会合作的人聚在一起讨论他们的经验,并产生大量的想法。例如,在IBM内部,"Jams"激发了从公司内部非传统来源(如销售人员和处理公司行政工作的操作人员)征求突破性创新想法的强烈兴趣。正如我们将在下一个案例研究中看到的那样,IBM还采用了另一种创新服务,使所有员工都能提出创新性想法,从而提高公司的生产率。

案例研究4:ThinkPlace——民主化的增量创新

ThinkPlace是IBM内部的一个"创新特区",它基于这样一种信念,即IBM的每一个员工都有可能提出改进公司的好想法,因此必须鼓励员工通过开放式的在线对话产生和改进新想法。[27]于是,这就为员工提供了一种与其他可能帮助开发和实践他们想法的人分享想法的有效方式。

任何员工都可以使用ThinkPlace提出想法、完善它们并表达对它们的支持,或解释它们可能行不通的原因。这个系统在设计时就特别注重收集当前客户需求和多学科商业机会驱动下出现的各种想法,否则这些想法可能会从IBM现有各业务部门之间的缝隙中漏出去。[28]由于ThinkPlace的存在,IBM现在可以迅速地将员工产生的新想法概念化、精细化、聚合化并推广实施,从而推动所有员工都投入到创新和解决问题的努力中,并促使新的想法和解决方案更快地出现。

到目前为止,已经有超过15万名IBM员工参与了ThinkPlace

第九章 生产率增速、就业配置以及商用服务的特殊情况的活动，他们提交了3.5万多个想法。通过ThinkPlace提出并改进的一个想法，为该公司位于爱尔兰都柏林的综合配送中心节约了100万美元的成本（用可回收的充气塑料垫取代了运输用纸）。通过ThinkPlace涌现的另一个想法是，构建一种自动的、基于web的方法，让客户更新IBM计算机系统上的固件（即运行计算机硬件的内部软件）。以前，IBM必须派出专门的技术人员去为客户安装固件更新，但是这个新方法是通过互联网下载自动更新客户的固件，估计每年可以为IBM节约200万美元的成本。从2005年至2009年，ThinkPlace只花费了IBM 550万美元，但是却为该公司节约了超过1.1亿美元——这是20多倍的投资回报！

案例研究5：利用早期采用者社区开发创新技术

在开发新产品时，IBM要启动一个以投资为导向的正式创新过程，用来规划新项目的初始概念、估计投资回报并评估项目的可行性和实用性。[29] 这样一个过程能够确保在新产品不断发布的同时，保持公司研发实验室的新创意源源不断。但是，它也造成了一个困境：对于新涌现的技术来说，这个过程往往过于严格，因为这种技术的潜在收益并不总是确定的。于是，刚刚涌现的新兴技术可能无法获得测试、开发和推广所需的资金。

有鉴于此，为了鼓励创新，IBM推出了一个技术采用计划（Technology Adoption Program，TAP）[30]，这是引入和管理创新项目的一种层级较少、协作方便的方法。[31] 技术采用计划拥有一个由12万名志愿者组成的早期采用者社区（超过IBM员工总数的四分之一），他们大多对测试新技术和提供反馈感兴趣。这个计划通过覆盖整个公司的内部网进行管理，创新者在内部网上发布对创新的描述，并提供对其新技术和应用的在线访问入口。

这几个例子很好地说明了技术采用计划在许多重要的方面都提高了生产率。[32]

1.更快地开发和发布新产品和新服务。现在人们公认，技术采用计划大大减少了IBM开发和测试新软件产品所需的时间。例如，Lotus Sametime 7.5（一个企业级即时消息平台）就是根据技术采用计划下早期采用者的反馈开发的，而且开发出来后只用了5个月就在市场上推出了，比传统的18个月开发周期缩短了三分之二以上。

2.提前取消那些没有希望的创新项目。根据早期采用者的反馈和评估来终止创新项目，要比利用正式的"试点"过程速度更快，成本也更低，这构成了生产率提高的一个意想不到的来源。这样一来，IBM就能把自己的资源集中在更可能产生成功产品的项目开发上。

3.加速创新。技术采用计划能够帮助IBM员工与新项目建立联系，而这些项目本身则可以从各种专家反馈中受益。这就使得IBM的创新者可以围绕新项目快速组建专门的多学科团队。

简言之，IBM任何一名员工有了新想法或发现了新的市场机会，都可以利用技术采用计划来快速地进行开发、测试、重新加工并将新技术推向市场。这样一来，该公司就能够更快速、更敏捷地响应市场中不断变化的需求，从而增加公司的创新产出和来自这些创新的生产率收益。

上面给出的最后三个案例研究中描述的创新商用服务之所以可以视为商用服务，是因为它们是由一家公司创造的想法，然后提供给了其他公司。在上述这些案例中，这些公司是IBM的客户，它们使用这些服务来推动和强化自己的创新过程，从而提高它们自身的整体生产率。

尽管在创建和使用这些创新商用服务的各个阶段，生产率提高可能相对较慢，但是它们的贡献确实是累积性的。与一般的商用服务一样，这里讨论的企业对企业的服务也是多阶段过程，它们能够为经济中的整体生产率增长做出实质性的累积贡献。这种强化版的生产率提高堪称有魔力的源泉，可以把最初创造和提供商用服务时的缓慢生产率提高，转化为提高生产率和降低成本的多重累积性收益。而且这反过来又为对未来更加乐观的看法提供了依据，即服务业部门某些部分的成本上升并不足惧。毕竟，正如奥尔顿正确地指出的，商用服务在经济中的作用正在不断扩大。[33] 商用服务业的根本特点是对生产率增长的多重贡献，正是这个特点，使得它能够对生活水平和消除贫困做出重要贡献，也使得经济整体生产率持续提高的前景显得合理。然而，这个故事却不一定能永远讲下去。随着更多的劳动力从制造业转移到商用服务业，这个生产率进一步提高的源泉必定会枯竭，它的贡献最终必定会随着时间推移而下降。

至此，我们的讨论已经清晰地表明，成本病比乍看起来要复杂得多。除了导致停滞部门的服务的实际价格和成本不断上升，其他后果还包括导致进步部门生产的商品的实际成本持续下降。这是因为前者的成本增长率将高于平均水平，而后者的成本增长率将低于平均水平。（根据定义，成本的平均增长率就是整个经济的通胀率。）

除了对劳动力配置的重大影响之外，成本病还可能导致整体生产率增长的稳步放缓（至少就货币价值而言肯定是这样），从而降低以占GDP比重来衡量的进步部门的产出份额。最后，我们注意到，尽管停滞部门通常也能表现出适度的生产率增长，但是看似悖谬的是，通过将更多的劳动力转移到商用服务业来扩大该部门，却能提高经济的整体生产率增速。

因此，我们在这里重申：从公共利益的角度看，与成本病相关的成本上升的威胁远没有乍看起来那么大。有一点是我们要谨记的：停滞部门的产品和服务的价格上涨，并不妨碍社会享受来自该部门日益丰富的产品和服务。相反，正如我们在第五章中阐明的，暂且抛开政府误入歧途的政策不谈，成本病对社会更深远的威胁其实来自成本持续下降的进步部门。

第三部分
削减医疗保健成本的机会
THE COST DISEASE
WHY COMPUTERS GET CHEAPER AND HEALTH CARE DOESN'T

第十章

医疗保健中的商用服务

纠正错误不亚于甚至好于发现一条真理或事实。
——查尔斯·达尔文（1879年3月5日给斯蒂芬·威尔逊的信，Darwin and Seward，1903）

当今世界，许多其他相对繁荣的国家的医疗保健支出水平一直远远低于美国（尽管也踏上了类似的上升通道），这个事实意味着，我们必定可以找到一些方法，节约美国医疗保健系统的支出。本章和下一章就是通过阐明若干削减医疗保健成本的机会来证明这个观点。

在这一章中，我们用上一章阐述的关于商用服务的理论来讨论如何降低医疗保健成本。当然，医院主要是非营利性机构，不能直接将它们视同商业公司。然而，它们依然可以从商用服务带

---

* 本章由莉莉安·戈莫里·吴写就。

来的多阶段生产率提高中受益。医疗中使用商用服务能够降低其运行成本，并改善患者的预后。本章正文以及附录中给出的例子，讨论了提高医疗保健机构生产率的其他创新方法，它们也都说明了这一点。本章所有的讨论有一个非常明确的含义，那就是，尽管成本病可能是无法克服的，但是不能让它成为不作为的借口。

我们在前面已经详细研究了商用服务在各种行业中提高生产率的方式和途径（见第九章）。医疗保健行业的特点是生产率提高缓慢（从劳动节约型变化的意义上说），因此成本的增长速度高于平均水平。正如我们将在本章中看到的，成本的这种上升，是可以抵消掉的，也即通过利用商用服务，医生、护士和其他医院人员的活动可以节约很多时间和劳动。而且如前所述，这些商用服务在其购买者的使用过程中至少可以提供两轮生产率提高。

举例来说，在医疗保健机构中，可以引进能够帮助医生、护士和其他人士更有效地进行沟通以及给予每个特定病人最好的照顾的技术，从而节约他们的劳动时间。除了节约时间，类似的技术还能够通过减少错误（从给错药到在医院被感染）来提高工作效率，因为这些错误可能会给病人的健康带来可怕的后果，并间接影响医院的运营效率。很显然，这种商用服务在医疗保健行业中可以发挥至关重要的作用，例如，能够节约医疗工作者的劳动，减少因医疗失误造成的巨大生产率损失（甚至更糟情况的发生）。所有这些都可以通过医院和其他医疗保健机构采用的商用服务来加以改善，尽管这种好处通常不足以完全抵消医疗保健服务成本的稳步上升。

用于医疗保健的商用服务：减少错误和提高生产率

医院不仅仅是医疗设施，每一家医疗都是一个由大量人员、流程和技术构成的、受众多法律规章制约的异常复杂的生态系统。此外，即便医院中的医疗专家认为需要运用（而且可能已经在运用）某些最新的尖端技术（无论由此带来的收益是否能够补偿所需的成本），医院的基本特点也往往仍然体现在那些陈旧和低效的业务流程上。[1] 简而言之，医院面临着许多重大的运营挑战，所有这些挑战当然都会涉及成本和生产率。

也许，这些挑战中最主要的是防止差错的发生。在美国，现在每年仍有大量的住院病人死于医疗事故。[2] 减少这类错误与提高生产率、降低成本同样重要，要同时推进这几项工作，才能削减过高的医疗保健支出。根据一项估计，这种不必要的支出几乎占到了美国所有医疗保健支出的一半，大约为每年7 000亿美元。[3] 这些令人不安的发现促使医疗保健机构花大力气去寻找新的创造性方法，以提高病人的安全性和操作效率。利用商用服务就是其中一个经常会采用的途径。

位于波基普西（Poughkeepsie）的瓦萨兄弟医疗中心（Vassar Brothers Medical Center）就为我们提供了一个很好的例子。这家医院采用了几项以无线宽带系统为基础构建的创新信息技术商用服务，目的是减少医院的差错，提高运营效率和生产率。瓦萨兄弟医疗中心采用的新技术包括，可以让医院员工更有效地沟通的互联网语音协议技术、能够快速追踪和传送静脉输液泵等移动设备的射频识别技术、可以让医生更准确地给药的条形码技术，以及在医院的任何时间或地点获得治疗患者所需信息的网络技术等等。

正如我们马上就会在接下来的案例研究中看到的，这些商用服务提高了瓦萨兄弟医疗中心的整体生产率，从而加强了对患者的护理。此外，与所有商用服务一样，它们也带来了多轮生产率提高。这方面的一个突出例子是该医院的药品条形码系统。首先，在相关的条形码设备、系统信息技术组件以及必要的无线技术制造阶段，生产率都有所提高。随着制造工艺的不断改进，即便信息存储和通信能力不断提高，这些产品也变得越来越便宜了。因此可以预期，随着时间的推移，瓦萨兄弟医疗中心将可以购买更好且相对来说更便宜的产品。其次，虽然该医院使用了条形码设备，但是随着工作人员使用该系统的经验增加和熟练程度提高，以及新的和改进型的应用程序的开发和投入使用，它的使用效率也有望随着时间推移而进一步提高。

案例研究1：条形码给药系统提高准确性

在瓦萨兄弟医疗中心，每个病人都被分配了一个唯一的条形码ID（身份识别）手环，它与病人的电子病历相关联，同时每个护士都配备了一个条形码ID卡。只有先扫描护士的ID卡，然后扫描药品的条形码，再通过扫描患者的条形码手环将药品与患者的医疗记录进行核对后，才能给药。设置这个流程的目的是通过减少给药差错来提高病人的安全性。这种差错包括，给了病人错误的药物（因为它的名称与正确药物的名称相似）、给了儿童成人剂量的药物，或者给了病人重复剂量的药物等等。

当护士出现了给药错误时，瓦萨兄弟医疗中心的条形码系统就会自动发出警报。然后，护士可以使用医院的无线语音通信系统打电话给病人的医生，以确认和澄清病情，而不必离开病人的床边。这种能力对于瓦萨兄弟医疗中心这样的社区医院尤其重要，因为那里的医生大部分时间都在远离医院的私人办公室里工作。因此，瓦萨兄弟医疗中心的药物条形码和无线通信系统是协同运行的，它们提高了医院护士分发药物的准确性和效率。这也使得该医院的护士有更多时间从事其他工作，从而提高了他们的整体生产率。

美国食品药品管理局（FDA）估计，在未来20年里，类似这样的条形码系统可以减少差不多50万起给药错误，降幅达到50%。这不仅改善了患者的健康状况，也可以节约大约930亿美元的总成本。[4] 除了在药品分发中引入条形码带来的明显改善，这种系统还可以在如下方面帮助美国医院：避免大量与给药错误有关的诉讼、降低医疗事故保险费、改善医院药品库存管理，以及提高医院患者用药账单的准确性，从而大幅降低运营成本。

在瓦萨兄弟医疗中心，药物条形码系统取得的"成就"给人留下了深刻印象。在2006年，即这个系统投入使用的第一年，该医院总共给了100万次药，药物条形码系统就发出了超过30 155次警告和提示，总共防止了5 331次给药错误。[5]

第十章　医疗保健中的商用服务

案例研究 2：基于互联网语音协议的即时移动通信

除了采用条形码药品分发系统之外，瓦萨兄弟医疗中心还安装了一种新型语音网络协议通信系统，它可以让护士在医院内直接打出电话，而不必停下手中的工作去拨某个电话号码。在过去，医院工作人员由于只能使用低效的沟通方法，因而浪费了大量的时间和金钱。例如，如果护士对病人的用药有疑问，她就必须先回到护理站，找到能回答这个问题的人的电话号码，然后再拨打电话。而且在许多情况下，护士必须待在电话机旁等待回电，才能得到答复。

利用瓦萨兄弟医疗中心新安装的互联网语音协议系统，医院的任何工作人员都可以根据需要即时进行通信，而不必为了接电话在医院里跑来跑去。[6] 此外，医院工作人员也不再需要花时间去查找号码，因为智能系统可以翻译语音请求自动拨打特定的电话号码。例如，瓦萨兄弟医疗中心的护士可以在医院的任何地方按下便携电话上的一个按钮，直接说一声"打电话给药房主任"就可以了。

在瓦萨兄弟医疗中心，由于使用了互联网语音协议系统，工作效率得到了显著提高。新的通信系统每个班次可以节省大约85分钟的时间（否则护士们将因不得不在固定电话和电话簿之间不必要的"往返"而损失这些时间）。仅这一项每年就可以为医院节约99.5万美元的成本。

案例研究3：利用射频识别技术实时跟踪医疗设备

瓦萨兄弟医疗中心最初没有出台过用于规范整个医院的静脉注射泵的采购、储存和分配的结构化流程。那时候，一台静脉注射泵在这家医院里的"典型"一天可能是这样度过的：从急诊室开始一天的工作，并以进入重症监护室结束。结果，静脉注射泵经常会"丢失"在医院的某个地方。[7]这种"临时拉夫"式的管理方法产生了许多问题。例如，临床工作人员经常不得不走很远的路去寻找一个静脉注射泵，而这会使他们照顾病人的时间变得更少。此外，也没有办法确切地知道医院到底需要多少台静脉注射泵。一个可以理解的结果是，医院工作人员养成了囤积静脉注射泵的习惯，这虽然是可以理解的，但是无疑又加剧了这个问题。因此，瓦萨兄弟医疗中心无法合理地确定应该采购多少台静脉注射泵，也无法明确现有的静脉注射泵库存应该如何分配。

使用射频识别（RFID）技术实时跟踪静脉注射泵为瓦萨兄弟医疗中心提供了这个问题的解决方案。射频识别技术利用无线电波识别物体并收集有关物体的数据，同时自动将这些数据输入计算机系统。这项技术包括两个部分：一个附着在物体、动物或人身体上的射频识别标签，以及一个阅读器。在医院里，射频识别技术可以用来跟踪可移动设备，如静脉注射泵，以便在需要时实现快速定位。[8]通过适当编程，这种技术也可用来检查设备，以确保其正常运行。

在瓦萨兄弟医疗中心，每个静脉注射泵都被贴上了射频识别

第十章　医疗保健中的商用服务　　　　　　　　　　153

标签，同时射频识别阅读器也安装在了医院每个房间的天花板上和走廊的每个主要拐角处。作为试点，瓦萨兄弟医疗中心首先在它的一个侧翼安装了射频识别系统。使用流程很简单，医疗中心供应部每天收集两次静脉注射泵，护士在需要静脉注射泵时打电话给中心供应部。在试点期间，射频识别跟踪系统自动收集静脉注射泵的运行数据，护士则要记录他们寻找和等待静脉注射泵的时间。

在安装射频识别跟踪系统之前，瓦萨兄弟医疗中心的护士通常每班都要花上0.5~1个小时的时间去寻找"丢失"了的静脉注射泵。相比之下，在安装了射频识别跟踪系统之后，医疗中心供应部的工作人员就能够实时确定所有静脉注射泵的位置和状态了。在试点期间，护士寻找"丢失"了的静脉注射泵的时间减少了一半，每年可以为医院节约130万美元的成本。[9]

由于受制于预算压力，瓦萨兄弟医疗中心无法在整个医院范围内永久安装射频识别系统。尽管如此，利用试点项目得到的数据，瓦萨兄弟医疗中心准确地计算出原计划新购置的价值45.6万美元的静脉注射泵是不必要的。这也就是说，瓦萨兄弟医疗中心省下了先前计划购买设备的成本，从而提高了现有静脉注射泵的"生产率"。

用于医疗保健的商用服务：价格与收益

对于瓦萨兄弟医疗中心来说，前面案例研究中描述的商用服务几乎是免费的，因此，医院能否充分利用这些服务就很重要了。而为了做到这一点，医院管理者通常会将商用服务的使用集中到几个关键领域，例如改善患者安全、更好的院内沟通和更有效地利用有价值的资源（即人员和设备），从而显著提高机构运行的整体生产率。对提高这些领域效率的商用服务进行投资，有望通过改善患者护理水平和降低运营成本，立即为医院带来回报。

为了确保引入商用服务能够带来可复现的真实改进，瓦萨兄弟医疗中心在设计和使用这些商用服务时还利用了行业管理模型。这项工作要求瓦萨兄弟医疗中心审查组织文化和结构，然后在此基础上评估使用商用服务可以削减的成本。例如，瓦萨兄弟医疗中心将用药过程的主要组成环节确定为医生（开药）、药房（处理药品）和护理人员（管理用药）。[10] 然后，瓦萨兄弟医疗中心将商用服务战略性地应用于可能从这种变化中显著受益的用药环节，例如，通过引入条形码系统来减少用药错误。

正如我们在本章和第九章中阐述的，商用服务并不是最终产品，而是一种投入品，即要先嵌入其他生产过程，然后才能为消费者服务。也正因为如此，它们可以带来多轮生产率提高：首先是在提供商用服务的公司进行生产时，然后是在商用服务作为投入品被用于提高购买它们的组织的生产率时。尽管每一轮由商用服务带来的生产率提高幅度通常相对较小，但是它们的累积效应可以对经济整体生产率的增长做出显著贡献。

然而，就医疗保健而言，使用提高生产率的商用服务，在不同医疗问题和不同医疗创新之间，可能会带来截然不同的结果。在许

第十章　医疗保健中的商用服务　　　　　　　　　　　155

多情况下，由于这种服务而节约的劳动力是非常可观的，因此未经质量调整的劳动生产率大幅提高，同时成本的增长却相当缓慢，甚至可能会逆转。[11]

但是，即便医疗保健行业由于使用商用服务而实现了稳定和持续的劳动节约型效率改进，肯定还没有达到病人愿意放弃医生和护士的个人监护，转而直接选择机器人替代品的程度。每个病人都需要医生和其他受过专业训练的医务人员付出时间加以直接关注，这个事实意味着，在医疗保健领域，正如过去一直以来的那样，即便商用服务能够带来显著的生产率提高，也依然落后于制造业和其他许多行业的生产率提高。这是我们完全可以预测到的。我们在本书前面的章节中已经了解到，只要不同行业呈现不同的生产率提高趋势，就必定会有某些行业的生产率提高快于平均水平（即经济的总体通胀率），同时也必定会有另外一些行业的生产率增速慢于平均水平。因此，我们很难相信医疗保健的实际成本，即经通胀调整后的医疗保健成本不会持续不断地累积性上升且没有任何暂缓的机会。

附录：医疗保健领域通过创新和合作获得的多阶段收益

本章正文中给出的案例研究说明了信息技术商用服务如何帮助一家特定的医院，即波基普西的瓦萨兄弟医疗中心，通过减少错误和改进运营效率来提高生产率。然而，还有其他同样来源于商业实践的方法可以帮助提高医疗保健机构的生产率。例如，我们将在下面的案例研究中看到的，波士顿的塔夫茨医疗中心（Tufts Medical Center）利用六西格玛方法（Six Sigma）减少了可预防的医院内感染。六西格玛方法正是一种借鉴自制造业的减少错误的方法。[12]塔夫茨医疗中心没有借助商用服务来实施六西格玛方法，而是加入了马萨诸塞州医院协会（Massachusetts Hospital Association），这是一个由多家医院组成的协会，它提供了一个平台，让来自不同医院的人一起讨论和分享如何减少医院内感染、贯彻各种可以提高生产率的创新想法、将有效解决方案付诸实施的经验。

在这个例子中，医院协会发挥的功能类似于商用服务，因为它使多轮生产率提高成为可能。首先，一项创新降低了某一家医院的成本，提高了它的生产率；然后，这家医院将它利用创新的经验分享给医院协会中的其他医院，从而引导其他医院在运营中使用该创新，以此来提高生产率。

案例研究：通过运用六西格玛原则、推动跨医院合作，减少错误、提高医院的生产率

根据美国疾病控制与预防中心提供的数据[13]（它引用了克莱文斯等人的报告[14]），仅仅2002年，就有约170万美国患者在住院期间被感染，其中10万人因此离开了人世。在医院内感染中，与中心静脉导管（放置在病人颈部、手臂或腿部大血管内的导管，用于给药、提供营养和监测病人）相关的感染最为严重。[15] 早在21世纪头10年中期，塔夫茨医疗中心就已经认识到医院内感染是一个严重的问题，但是该医院在降低医院内感染率方面进展甚微，直到2008年才开始使用六西格玛方法来减少医院内感染和提高生产率。[16] 在制造业中，六西格玛方法的实施通常如下：组建一个特殊团队，对每个缺陷展开调查，找出其成因，然后决定如何改进生产工艺以消除问题。这个团队还必须确保在整个生产过程中系统性地实施这一消除问题的方法，并对结果进行监测。[17]

塔夫茨医疗中心成立了一个由两名医生、两名护士和一名传染病专家组成的小型工作组，专注于如何减少中心静脉导管感染。在塔夫茨医疗中心的病人身上一旦出现感染，研究小组就要找出原因，并提出新的程序以防止在未来发生同样的感染。例如，研究小组发现，感染的其中一个来源是以往将每个病人的脸盆与另一个用来收集唾液和呕吐物的小脸盆放在一起的不良习惯（这样导致每个病人的脸盆里都充满了细菌）。在插入中心静脉导管之前用较大的脸盆给病人清洗时，病人的皮肤会被来自较小脸盆中的细菌污染,有时会导致感染。为了解决这个问题,研究小组建议在插入中心静脉导管之前使用一种特殊的抗菌浴巾来清洁病人。后来,当研究小组发现,并不是所有工作人员都理解在插入中心静脉导管之前要用抗菌浴巾把病人全身都盖起来的指示时,他们在医院的官方中心静脉导管说明书中添加了一张病人全身都被抗菌浴巾盖起来的彩色照片。

此外,通过马萨诸塞州医院协会下设的一个专注于中心静脉导管的最佳操作方法的工作小组,塔夫茨医疗中心的团队还推荐了其他一些能够减少中心静脉导管感染的方法,包括使用经浸渍或有涂层的中心静脉导管,用氯己定等消毒剂给患者清洗,采用新的血培养标本采集标准,以及若干种能够促使工作人员努力预防感染的方法。

这个团队还必须确保他们完成的改进能够被系统地集成进医院的官方中心静脉导管插入操作规程。在塔夫茨医疗中心这样学术性较强的教学医院里,医科学生、住院医生和实习生不断地来来往往,所以要在整个系统层面上做出改变尤其具有挑战性。为了在这种困难的工作环境中实施他们提出的改进建议,塔夫茨医疗中心的团队开发出了一个"中心静脉导管工具箱",并提供了核对清单,从而保证对中心静脉导管操作程序的所有改进都能在整个医院范围内有效和系统地引入。在这个团队的建议下,塔夫茨医疗中心还建立了一个模拟实验室,对工作人员提供最优的中心静脉导管插入术实战培训,并要求所有医生和护士在获准为患者插入中心静脉导管之前都必须接受培训。最后,这个团队提出了一项规定:每一次中心静脉导管插入术，都需要有受过感染预防技术培训的医生和护士在场；护士要确保医生了解正确的导管插入技术，并遵循核对清单列明的操作程序。

塔夫茨医疗中心这个团队的努力成果令人印象深刻。在2008年至2010年间，该医院将中心静脉导管感染率降低了50%，仅此一点估计在2009年和2010年总共节约了大约150万美元。相关记录表明，在这段时间内，对所有医生和护士进行的中心静脉导管插入术培训以及与之配套的教育计划，很可能挽救了7名在塔夫茨医疗中心求医的病人的生命。更重要的是，在成功地减少了中心静脉导管感染之后，塔夫茨医疗中心决定采用类似的方法来减少其他类型的医院内感染（例如，尿路感染和褥疮）和伤害（例如，摔倒）。[18]

这些改进病人安全的创新努力减少了差错，提高了操作效率，从而提高了医院的生产率。此外，塔夫茨医疗中心还通过马萨诸塞州医院协会与其他医院分享提高生产率的方法，有效地刺激了其他医院的生产率提高。与商用服务一样，这种合作促进了其他医院的多轮生产率提高。

第十一章
是的，我们可以削减医疗保健成本，即便我们不能压低其增长率

我有时会开玩笑地说，如果你到我们医院看病，说你少了一根手指，没有人会相信你，除非我们做了全套CAT扫描（计算机轴向断层扫描）、磁共振成像和骨科会诊之后。

——亚伯拉罕·维盖瑟（Abraham Verghese，转引自Knox，2010）

我们在前面的章节中已经多次指出过，不仅仅是美国的医疗保健成本在上涨，其他发达国家[1]和许多新兴经济体的医疗保健成本也正在以令人不安的、近乎不可阻挡的速度上升。事实上，成本病就是这个过程将不可阻挡地继续下去的最大"保障"。

---

* 本章由蒙特·马拉克（Monte Malach）和威廉·鲍莫尔写就。本章内容基于作者的论文："Further Opportunities for Cost Reduction of Medical Care," *Journal of Community Health*, 2010。

但是，这并不意味着我们根本无法降低医疗保健成本水平，也不意味着我们不能遏制医疗保健服务提供过程中的浪费和低效做法。我们必须强调医疗保健成本的当前规模与这些成本的增速之间的区别。美国目前是前者的世界冠军，它现在的医疗保健支出水平是所有其他国家望尘莫及的。平均而言，其他发达国家的医疗保健成本水平低于美国，但是增长速度则与美国相当。

在成本水平和成本增速这两个属性中，成本病只涉及后者。正如我们从本书前面几章中了解到的那样，在所有生产率迅速提高的国家，成本病都在导致医疗保健和其他服务的成本以令人不安的速度迅速上升。只要生产率继续提高，这些服务的成本的增长率就不会放缓。

但是，尽管增长率确实不在我们可以控制的范围之内，各个受不同因素影响的国家的数据确实表明，医疗保健成本的水平其实是可以控制的。许多国家的成本水平比美国低得多，即便它们仍在以差不多相同的速度增长。当然，如果美国的医疗保健支出能减少到更低的水平，那肯定是一件好事。本章描述了实现这一目标的其中一些方法。

回顾一下以往为了控制医疗保健成本而做出的各种努力是有益的。尽管管理式医疗和诊断在20世纪70年代和80年代刚提出的时候似乎相当有前途，但是它们并没有显著降低医疗保健成本。欧洲和其他地区的一些国家对医疗保健系统进行了全面改革，但是它们也没有取得太大的成功。类似地，对于我们在本章中提出的这些提高医疗保健服务效率的建议，我们其实也只指望它们能够有助于降低当前的医疗保健支出水平，而不指望它们能够降低这些成本无情、迅速的上涨速度。如果能把握住本章描述的各种机遇，那么可以实现的成本节约也许是非常可观的，但是它们实现后，美国和世界上其他富裕国家的医疗保健成本仍然会继续上升。

对医疗进行更准确的评估

医疗技术的爆炸式发展极大地提高了医生的诊断能力，并为他们提供了更多可供选择的新治疗方法，但是新医疗设备和技术不断涌现，也增加了医疗保健服务的成本。[2] 这些新医疗技术的安全性和有效性，往往没有得到恰当的评估，从而导致了不必要的支出，有时甚至还给患者带来了严重的风险。

在历史上的很多时期，关于某种特定医疗方法的有效性的唯一证据来自传统智慧。许多原先被广泛接受的疗法后来都被证明是无效的，甚至是有害的，有一些是在广泛使用了几十年之后才被发现的。例如，直到20世纪50年代中期，传统观点仍然认为，心脏病发作后的病人需要完全卧床休息几个月。但是这种疗法带来的却是高死亡率，因为卧床容易缺氧，然后出现血栓（即卧床会导致深静脉血栓的形成），而这常常会导致肺栓塞，那是一种危及生命的情况，当血栓从腿部扩散到肺部动脉时就会发生。到了20世纪60年代，医院开始将这些患者安置在冠状动脉监护病房，持续监测患者的生命体征，以便对潜在的致命事件立即做出反应。当病人出现心率和血压异常时，及早发现并进行治疗，就可以阻止严重甚或致命的心脏突发问题，消除许多长期存在的健康问题，同时也就免去了相关的医疗费用。意识到血栓的危险之后，研究人员鼓励患者在心脏病发作后的当天就下床进行适当的活动（即步行），并让患者在治疗后1~3天就出院。这是标准疗法的一个显著变化，既节约了大量成本，又带来了更好的疗效。[3]

近年来，传统医学智慧被严谨的科学分析推翻的例子还有很多。例如，研究人员已经确定抑肽酶（aprotinin），一种曾经在心脏搭桥手术中广泛用于防止血液凝块的抗凝药物，实际上比在搭桥手术中使用的其他抗凝药物导致了更高的死亡率和更频繁的肾功能障碍。[4]停止在搭桥手术中使用抑肽酶，节约了医疗费用并改善了疗效。

又如，对于心率异常缓慢的患者，以前只有一种标准治疗方法，即在右心室植入起搏器。然而，研究人员经过进一步观察发现，同时刺激左右心室的起搏器效果更好。[5]而在认识到这一点之前，只使用右心室起搏器往往会产生有害的后果，导致许多患者不得不再度进行更多非常昂贵的手术。

医疗设备上市前如果测试不足，也会导致巨额医疗支出，而且几乎不会有任何附带的好处。例如，在除颤器或起搏器获准使用三年后，人们发现连接患者心脏的一根电缆很容易破裂，导致除颤器或起搏器失效，对患者造成严重伤害。随后的调查表明，除颤器电缆在上市前并没有经过严格测试，这一疏忽产生了不必要的成本，并导致至少13人死亡。[6]

如果医生坚持对各种检查和治疗的有效性进行基于统计数据的严格分析，那么他们就有可能确定最安全、最有效的新疗法，然后将医疗保健支出集中到这些新的医学发展上来。但是，研究和统计分析也有其自身的缺陷。[7]例如，将纯粹的相关性曲解为因果关系的证据，就可能是严重错误的一个重要来源。[8]统计方法的另一个关键缺点是，在测试新药物时，常见做法（尽管不是普遍做法）是将其与安慰剂而不是已经在使用的替代药物进行比较。这种方法导致研究人员无法确定，现在在使用的、可能更便宜的治疗同类疾病的药物是否与新药一样好，甚至更好。[9]药物测试的准确性，还会由于安慰剂效应的存在而进一步复杂化。所谓安慰剂效应，指的是这样一种奇怪的事实：某些病人似乎只要吃点糖丸，就能够得到相当不错的治疗效果。[10]

最后，临床试验中使用的抽样程序也可能很容易出错。例如，最近有一份关于前列腺癌、结肠癌、肺癌和乳腺癌的外科手术临床试验结果的报告，就因为对参与者的选择而受到了严重质疑。[11]尽管这四种癌症的发病者有62%来自65岁以上人群，却只有27%的参与者属于这个年龄段人群。此外，结肠癌和肺癌试验组的女性参与者非常少。这项研究给出的最初结果是鼓励采用手术治疗，尽管费用相当高且效果有一定的疑问。然而，对不当采样的担忧促使研究人员重新考虑这个结论。

避免有害或不必要的手术和治疗

当一种昂贵的手术或药物被证明是不必要的甚至是危险的时候，我们就看到了最有希望降低医疗保健成本的一个机会。在这种情况下，至关重要的是我们必须认识到，即便最严谨的医学研究，到后来也可能被证明是有缺陷的。

一个重要的例子是1985年由美国三个国家级医疗组织联名发表的一项重大研究结果。[12] 这项研究认定，激素替代可以用于对更年期女性冠心病和骨质疏松症的预防性治疗，同时也可以作为更年期症状的一种治疗方法。到2001年，已经有1 500万女性按处方接受了激素替代治疗。但是，她们在治疗中使用的雌激素补充剂却最终被证明是对健康有害的。正在接受激素替代治疗的那些女性，在服用了这些激素后，冠心病、中风、血栓和乳腺癌的发病率都提高了。[13] 取消这种激素替代疗法，不但挽救了大量生命，而且降低了治疗这些诱发性疾病的相关费用。

这种现象相当普遍，例如，一项新的研究表明，阿仑膦酸钠，一种昂贵而又广泛使用的抗骨质疏松药物，可能会增加患者患食管癌的风险。[14] 而且，长期服用还可能导致股骨和颌骨骨折。[15] 钙和维生素D补充剂是更便宜、更安全的替代品，尽管它们在短期内对治疗骨质疏松症没有那么有效。

还有一项关于子宫切除术的研究表明，几乎20%的子宫切除术是不必要的。[16] 未能正确评估子宫畸形的原因导致了大量不必要的子宫切除手术，而不是更合适和更便宜的正常治疗。比经济成本更严重的是负面健康后果。新的研究表明，保留卵巢的女性寿命更长，死于心血管疾病和肺癌的可能性更低。[17]

同样，在美国，病人的高需求、医生对医疗事故的担忧，以及由于辅助生育而导致的多胞胎现象的日益流行，都提高了剖宫产手术的发生率，截至2007年，剖宫产婴儿几乎占到美国出生人数的三分之一。[18] 然而，剖宫产手术既昂贵，又难免大手术的严重风险，且术后通常需要进入重症监护室进行昂贵的护理，并会让母亲在随后的妊娠中面临严重并发症的风险。据估计，剖宫产的相关费用至少是正常阴道分娩的两倍。因此，只要减少剖宫产手术，就可以大大降低产科的成本。[19]

新的研究还突显了新出现的治疗一种乳腺癌即导管原位癌（DCIS）的手术方法的优势，这种方法只需切除四分之一个乳房，而不用再执行以前那种全乳房切除术。尽管许多患者和医生错误地认为，全乳房切除术能更彻底地治疗导管原位癌，但是四分之一切除术实际上可以为患者带来相同或更好的结果，而且只需要更短的恢复期，同时费用也更低。[20]

现在，医生们也开始重新思考频繁使用CT（计算机断层扫描）血管造影术是否合适这个问题。CT血管造影术可以生成关于动脉异常的断层X射线图像，用于诊断冠心病。但是这种检查会让病人暴露于强辐射之下，有导致癌症的风险，这很令人担忧。[21] 再者，最近的一项研究发现，在报告胸痛的患者中，有三分之一的患者的CT血管造影都只显示了极少或根本没有显示阻塞性冠心病的迹象。[22] 这个发现导致许多医生质疑CT血管造影的好处是否真能超过这种检查的高成本和随之而来的致癌风险。[23]

减少CT血管造影带来的辐射可以降低癌症风险[24]，但是并不能改变这种检查本身的高成本和可疑的诊断价值。CT血管造影术每次都要花费1 000~3 000美元，但是没有证据表明它比标准的冠状动脉造影术更加有效，而后者的成本要低得多，且病人受到的辐射

第十一章　是的，我们可以削减医疗保健成本，即便我们不能压低其增长率

也少得多。[25]

另一个例子是，他汀类药物可以降低胆固醇，曾经有人认为，治疗时再加上一种昂贵的新药依泽替米贝（ezetimibe），可以减少肠道对脂类物质的吸收，增强他汀类药物的效果。然而，最近的研究却表明，加入依泽替米贝并不一定比单独使用他汀类药物时疗效更好。[26] 事实证明，洛伐他汀类药物与一种很早以前就有的、便宜得多的替代品烟酸联合使用，就能有效地降低胆固醇。[27] 此外，事实还证明，单用烟酸就能提高高密度脂蛋白（这是一种"好的"胆固醇）并降低低密度脂蛋白（"坏的"胆固醇）。[28]

最新研究还表明，用药物过度治疗高血压，可能会使血压降低太多，进而可能会导致心脏病发作或中风（因为血流量过度减少了）。这不仅会导致更高的医疗费用，而且也没能为病人带来更好的治疗效果（甚至导致了更坏的结果）。[29] 事实上，那些接受了更便宜的疗法，使用了更少的药物和对血压不那么严格监督的患者，反而得到了更好的疗效。

最近一项针对2型糖尿病患者的研究表明，过分"努力"地降低血糖水平会导致因低血糖（血糖过低）而致的冠心病死亡人数增加。[30] 传统观念要求糖尿病患者保持低血糖，因为那可以预防肾病、失明和截肢。但是新的研究结果表明，过多地使用药物降低血糖，不仅成本更高，而且可能会危及生命。

最后，一项针对医保患者的多年研究显示，在对椎管狭窄（椎管压迫脊髓和神经会令人非常痛苦）的治疗方面，非常复杂的融合手术的数量增加了，而另外两种更便宜的选择——减压手术和简单的融合手术则减少了。[31] 然而，复杂的融合手术并没有带来更好的疗效，相反，它带来的是重大并发症数量的增加、更高的术后30天死亡率和显著上涨的医疗费用。很显然，减少复杂融合手术的使用，能够降低成本并产生更好的疗效。

利用遗传信息指导用药和治疗

降低医疗成本还可以通过更加密切地关注患者之间的遗传差异来实现。某些昂贵的治疗方法可能对具有特定遗传特征的患者有效，而对具有不同遗传特征的患者无效。除了节约成本之外，认识到这种遗传差别并相应地改进治疗，应该还可以改善医疗效果。

现在，研究人员将特定基因与某些严重疾病（或药物治疗不良反应的风险上升）联系起来的能力已经越来越强了。新技术的出现，大大降低了基因测序的成本，所以建立个人遗传风险状况档案从成本收益的角度看可能很快就会变得合算。这样一来，就可以对病人患上特定疾病的风险进行量化分析，进而确定对该病人最有效的治疗方法是什么[32]，这无疑将有助于及早发现并更准确、更有效地治疗某些疾病，从而改善结果和降低费用。

这方面一个可能会令人觉得眼花缭乱的例子是，表观遗传学（研究表观基因组如何在不改变遗传密码的情况下改变基因活性）的最新发展使我们可以通过识别和抑制与癌症、糖尿病、阿尔茨海默病和其他遗传疾病有关的基因，从而节约大量的医疗成本。[33] 如果这个例子有点抽象的话，这里还有一个更具体的例子。许多用来降低胆固醇的药物都会引发肌肉疼痛和炎症，这种现象与一种特定的基因变异有关。[34] 如果医生通过基因检测在事先就能发现患者有这种基因变异，那么他们就可以开一种他汀类药物——普伐他汀，这种药物在体内的代谢方式不同，不会引起那些症状。这种治疗方法能够避免在使用他汀类药物的时候为了减轻疼痛和治疗肌肉炎症而付出的额外成本。[35]

冠心病的治疗提供了利用基因信息来指导医生开药的另一个重要例子。心脏病学家最近已经开始使用基因检测来预测患者患冠心病的概率，并且能够识别会影响相关药物代谢的基因。然后，他们就可以利用得到的信息来确定最有效的治疗方法。[36] 冠心病的早期诊断和治疗可以预防随后的心脏病发作或中风，因此在提供更好的预后、改善病人生活质量的同时，从长远看还可以降低成本。

现在，业内专家普遍认为乳腺癌和卵巢癌可能是由两个特定基因BRCA1和BRCA2突变引起的。[37] 遗传性非息肉病性结直肠癌也与单基因变异有关。[38] 特定的遗传变异还与遗传性冠心病[39]、非酒精性脂肪肝、胰岛素抵抗和布鲁加达综合征（Brugada syndrome）有关。布鲁加达综合征会导致心脏结构和节律的严重异常，进而导致猝死。[40] 在这些情况和许多其他情况下，基因检测都可以帮助医生及时识别患这些疾病风险的病人，并让医生能够提供预防性治疗，或至少较早做出准确的诊断，而这些通常都能带来更成功和更具成本效益的治疗。[41]

研究发现，三种基因变异与阿尔茨海默病有关。[42] 对它们进行分析，有助于阿尔茨海默病的早期诊断和进行可能的基因干预。阿尔茨海默病是一种越来越常见且非常"昂贵"的疾病，尽早对它进行治疗，能够节约大量医疗费用。[43]

鉴别较便宜的治疗方法（包括新疗法和旧疗法）

有些新的治疗方法和医学技术，徒增了治疗成本，却没有带来任何显著的收益。当然，也有很多新的治疗方法和药物，例如，一种新的宫颈癌疫苗[44]，一种更便宜、侵入性更小、风险更低的修复二尖瓣反流的新手术方法[45]，显然能带来更好的疗效，并降低整体医疗成本。

从1980年到2000年，美国、加拿大、欧洲和南美洲各国冠心病死亡人数的减少，至少部分可以归因于可对症治疗的药物的增加，如阿司匹林（减少血液凝结）、受体阻滞剂（降低血压和稳定异常心律）、血管紧张素转换酶抑制剂和血管素受体阻滞剂（扩张血管），还有他汀类药物（降低胆固醇和血脂）。在很多情况下，这些药物正在取代昂贵得多的心脏外科手术，如搭桥手术和血管成形术。[46]

新的证据表明，心脏病发作三天后无症状的患者，即那些没有胸痛、呼吸短促、心律异常或心力衰竭的患者，如果不进行心脏搭桥手术或其他侵入性干预，情况反而可能会更好。[47]通过替换人工血管改善血液流动，从而减轻血管阻塞，进而使心脏自然地稳定下来，这样做可能更安全，也更具成本效益。[48]通过搭桥手术或血管成形术和支架植入来缓解冠状动脉阻塞，可能会导致复发性堵塞、出血或反复的心脏病发作。此外，对于无症状的扩散性冠心病患者，这种侵入性手术可能不如其他治疗方法有效，因为它们只能处理一个局部梗阻。因此，也尤其是在这些情况下，药物治疗是一个更安全、更有效和更便宜的治疗选项。（然而，当冠心病进一步发展之后，接受药物治疗的患者最终可能还是需要更具侵入性的手术，如支架植入术、搭桥术或血管成形术。）

类似地，对一些持续性心绞痛（心脏缺氧引起的严重胸痛）的患者来说，服用某种新的药物，如雷诺嗪，就可以替代接受昂贵和侵入性的手术，缓解病情。雷诺嗪不影响全身的血流量，而只是针对心脏血流受限的特定区域。它能增加血液流动，防止血凝块，缓解心绞痛的各种症状。[49]

新的研究还表明，房颤（一种心脏病，表现为心脏上腔快速、不规则地跳动，可导致肺栓塞、中风或心力衰竭）也可以通过控制心率而不是控制心律来更有效地加以治疗。心率控制，即运用药物减慢心率，降低了有害并发症的风险，而且患者的总体预后也更好。[50] 而且，心率控制明显要比心律控制便宜得多；心律控制是一种侵入性的方法，通过插入心脏的导管对肝脏进行电击，这种方法有引起严重并发症和复发性心房颤动的风险。[51] 另一项针对接受心率控制治疗的心房纤颤患者的最新研究发现，接受较不频繁的心率控制治疗（因此费用较低）的患者，比起接受更密集的心率控制治疗的患者，疗效反而略好一些。[52] 在这种情况下，较少的医疗治疗既便宜又高效。

对于那些使用植入型心律转复除颤器（ICD）[53]、需要定期监测的患者来说，自动将患者心脏信息传输给医生的家庭电子监护设备与常规去医院复诊或医生到家里问诊一样有效，而且更便宜。在最近的一项研究中，当装有自动远程家庭监护装置的患者出现心律异常时，医生马上就会收到信息，因此可以及早诊断和治疗，从而防止严重和昂贵的并发症。[54]

除了各种心脏疾病之外，前列腺癌的过度检测和过度治疗也已经成了医疗费用居高不下的一个重要来源。[55] 尽管前列腺癌是一种不那么致命的癌症，但是由于每年都要做例行的前列腺特异性抗原（PSA）检测，现在几乎已经形成了一种对前列腺异常过度检测和过度治疗的"文化"。它导致了昂贵的前列腺活检的增加，以及随之而来的健康风险。超过80%的前列腺肿大和PSA水平升高的患者实际上都只是患了良性前列腺梗阻、前列腺炎症或发生了感染，又或者是出现了非癌性前列腺肿大。仅仅根据PSA水平升高或前列腺肿大，就匆忙进行前列腺活检，不仅成本高、风险大，甚至可能是根本没有必要的。相比之下，好好利用杜他雄胺是一种更便宜的诊断和治疗方法。杜他雄胺是一种药物，能够在没有出现癌症的情况下收缩肿大的前列腺并降低PSA水平。如果在用药后，患者肿大的前列腺缩小了，PSA水平也下降了，那么通常就可以认为是良性的，不需要进行前列腺活检，除非PSA水平随后又升高。

最后，最近的一项研究提出了一个有趣的新想法，利用它可以在研发新药方面节约大量成本。[56] 这项研究建议，在研发过程的早期就对新药研发成功的可能性进行分析和预测。如果新药被认定没有前景，那么制药公司就可以在早期停止研发，并将资金转投到另一个成功可能性更大的项目上，从而减少新药研发和市场营销的巨额成本。

通过预防医学节约成本

控制医疗保健成本、改善病人预后的最有希望的方法之一是有效地预防疾病。[57]许多预防方法都采用了药物疗法，它们能够减少对更昂贵、风险更高的手术治疗的需求。例如，现在已经证明，缬沙坦（一种常用的降压药）可以预防2型糖尿病。[58]这是一种很有希望的治疗方法，可以帮助减少2型糖尿病这种迅速发展和非常"昂贵"的疾病，这种疾病现在至少影响了1 700万美国人。[59]类似地，有报道称，最常用的抗糖尿病药物二甲双胍可以降低结肠癌和肺癌的发病率，很明显，这同样可以大幅节约成本。[60]

在过去，传统医学智慧呼吁不要随便使用他汀类药物（降胆固醇药物），除非有记录表明存在冠心病症状。但是，利用他汀类药物现在已经成为以药物为基础的预防性治疗的一个重要例子——专门用于预防心血管疾病、心脏病和中风。新的研究结果表明，给存在风险但没有冠心病的活跃症状（如心绞痛或心脏病发作）的患者开新的他汀类药物瑞舒伐他汀可能有助于预防这些症状的出现。[61]在一项针对26个国家近1.8万名健康个体的研究中，服用瑞舒伐他汀者发生冠状动脉类问题的可能性大约只相当于服用安慰剂者的一半。在有冠心病家族史或自己有病史的参与者中，接受这种药物治疗时，预防冠心病效果甚至还要更好（65%）。对另一种他汀类药物洛伐他汀的类似研究的结果也表明，生活方式的改变与他汀类药物治疗相结合，可以大大减少冠状动脉意外的发生，并相应地节约大量成本。[62]

现在，他汀类药物已经成了预防冠心病、心脏病和中风的主要手段。[63] 在美国，这类药物已经将心血管意外的总体发生率降低了 25%~45%。[64] 当与烟酸联合使用时，它们在降低低密度脂蛋白胆固醇（"坏的"胆固醇）、提高高密度脂蛋白胆固醇（"好的"胆固醇）[65] 和清除动脉壁上堆积的胆固醇和其他脂肪物质等方面都更加成功。[66] 此外，研究者还发现，在血管成形术前一天给予大剂量的强效他汀类药物，可以显著降低接受血管成形术的患者心脏病发作的概率。[67]

同样还有越来越多的证据表明，他汀类药物除了标准的降低胆固醇水平的作用之外，还有其他很多重要的辅助作用。它们似乎能够增强血管内膜的收缩运动，从而防止引起中风、心脏病和心力衰竭的血管痉挛、血凝块和血管阻塞。[68] 如果长期让高血压患者服用他汀类药物，就可以用小剂量的降压药控制病情，从而减少大剂量药物带来的副作用（和成本）。[69] 另据报道，他汀类药物治疗也可防止胆结石的形成（胆结石主要由胆固醇构成）。[70]

除了他汀类药物，阿司匹林和氯吡格雷也可以用于预防冠心病患者的血栓形成。进展性糖尿病血管病变经常会导致冠心病，但是它们在服用氯吡格雷的患者那里受到了抑制。事实也已证明，给心脏病发作和心力衰竭患者使用氯吡格雷，可以降低死亡率和随后心

第十一章 是的，我们可以削减医疗保健成本，即便我们不能压低其增长率　175

脏病发作的概率。预防由血凝块引起的心脏病和中风，可以减少未来的医疗费用，改善患者的预后。

也有证据表明，在最便宜的药物治疗中，经常服用阿司匹林可能有助于预防结肠癌，这种效果可以归因于阿司匹林的抗炎特性。[71] 阿司匹林和抗凝剂华法林在预防先天性卵圆孔未闭患者的血栓性中风方面也有显著疗效。卵圆孔未闭是心脏左右上腔之间的开口，25%的人都可能存在这种情况，不用药物治疗的话可能需要通过昂贵的外科手术来闭合。[72]

更好地诊断和治疗抑郁症，也有助于预防心脏病发作。目前，抑郁症与心脏病发作风险之间的相关性还没有得到充分的证明。[73] 但是众所周知，抑郁症会影响凝血、血管收缩活动、心率变异性、患者对药物和饮食限制的依从性，以及其他可能导致心脏病发作的风险因素。患有抑郁症的心脏病患者通常比其他心脏病患者住院时间更长，需要的费用也更高。

对于疾病合并症（存在多种相关疾病）的认识也可以促进早期诊断和治疗，从而减少长期医疗费用。[74] 例如，患有严重牛皮癣（一种慢性皮肤病，患者的皮肤上覆盖着厚鳞片状的东西）的人患中风、心脏病和关节炎的概率更高。[75] 糖尿病患者还可能患上弥漫性血管疾病，后者可能导致肾衰竭、心脏病、失明和中风。如果病人患了某种与其他严重疾病相关的疾病，医生了解后就会认真地去寻找这些相关疾病的早期迹象。

增加专门为老年患者提供护理的老年医学专家的数量，也有助于节约医疗保健成本。目前，受过训练和认证的老年医生实在太少了。一个可能的原因是，这些医生的报酬是所有医疗专业中最低的，因为他们完成的可报销手术很少。[76]

最后，如果消灭了医院中发生的所有医疗错误，那么美国每年可以减少大约18万人死亡，同时仅仅在医保患者中每年就可以节约44亿美元左右。[77] 在医疗错误中，最常见的是无意的药物中毒，它可能会给患者造成严重后果，并导致随之而来的大额医疗费用。在最近几十年里，美国这类医疗错误一直在大幅增加。[78] 给患者用错药会导致灾难性后果，而且代价非常高昂。使用基于条形码的给药系统可以显著减少这类错误，这对提高患者护理质量和降低医疗成本都具有重大意义。[79]

通过改变生活方式减少疾病及相关成本，实现成本节约

即便没有医生的帮助，通过改变生活方式也可能有助于减少痴呆、糖尿病、心血管疾病，特别是肥胖病以及其他严重但常见疾病的发病率，从而节约大量的医疗保健成本。[80] 根据最近的一份报告，到2023年，如果所有人都采用健康的生活方式，那就可以节约超过2万亿美元的医疗保健成本。[81] 在最近一项针对2型糖尿病患者的研究中，与被分配到只能得到一般支持和教育的对照组患者相比（他们只减少了10%的相关药物和医疗成本），被分配到生活方式强化干预组的患者差不多减少了20%的药物和医疗成本，明显减少得更多。[82] 这些研究表明，改变生活方式既能改善患者的预后，也能降低医疗保健的成本。

再者，如果这种生活方式的改变在一个人生命的早期就实现了（连同相关情况下所需的药物治疗），那么它们就可以成为治疗儿童和青少年高胆固醇和肥胖症的有效方法。[83]与许多疾病一样，对肥胖症和高胆固醇的早期治疗，能得到更好的结果，并减少长期的医疗费用。

事实已经证明，地中海式饮食（增加蔬菜、坚果和新鲜全谷物的摄入量）可以有效地降低各种原因造成的死亡率，包括心血管疾病和癌症。[84]某些食物本身就是对健康有好处的，这种好处自然会转化为更低的医疗成本。最近的一项研究发现，生活在每周至少吃两次鱼的那些国家的人患痴呆的概率明显更低。[85]另据报道，常食用高大豆蛋白饮食的女性乳腺癌死亡率和复发率都更低[86]，同时多食用大豆制品的男性前列腺癌发病率也有所降低。[87]人们早就证明，减少盐的摄入量可以降低高血压、中风和心脏病的发病率[88]；另据报道，多吃开心果可以提高血液抗氧化水平，降低低密度脂蛋白胆固醇，降低患上严重心血管疾病的风险。[89]另一项关于生活方式与冠心病关系的研究发现，每周至少吃两次巧克力的患者在心脏病发作后的死亡率明显较低。[90]在另两项独立的研究中，研究人员发现吃巧克力可以降低血压，降低受试者患心血管疾病和心力衰竭的风险。[91]

白藜芦醇是从红酒、红葡萄和红葡萄汁中提取出来的一种天然植物提取物，据报道，它能激活去乙酰化酶（sirtuins），这是一种体内蛋白质，能减少炎症，增强对与衰老有关的疾病的抵抗力。[92]然而另一方面，过度饮酒也可能导致心肌病（可导致心力衰竭的心肌疾病），它正是酗酒者死亡的主要原因。

最后，最近的一项研究表明，维生素D可能有助于预防高血压、心血管疾病、抑郁和认知障碍，而且往往有可能延长寿命。[93]

尽管近几十年来美国吸烟者的数量有所减少[94]，但是吸烟对健康的危害仍然非常普遍，令人无法接受。2008年，超过20%的美国成年人是烟民，与1997年相比，这个数字只出现了轻微下降，当时几乎25%的美国成年人是烟民。吸烟与肺癌和冠状动脉心脏病之间的相关性已经得到了充分证实。[95]此外，根据最近的一项研究，在第一次心脏病发作后戒烟的人有更高的长期存活率。[96]戒烟仍然是通过预防疾病减少医疗保健成本的主要手段之一。

最后的最后，现在已经证明，保持积极的生活方式，包括有规律的运动（每天至少30分钟）和享受自己的爱好，可以降低胆固醇[97]，改善（早期）动脉硬化患者的预后[98]，并降低总体死亡率。[99]

通过推进医疗责任制度改革来节约成本

尽管有些医疗事故并不需要承担法律责任，但是由于医生不得不支付过高的医疗事故保险费和无所不在的防御性医疗行为，美国现行的医疗事故法在很大程度上助长了不断上涨的、高昂的医疗保健成本。[100]本节接下来的建议当然不能说是全新的东西。美国不健全的医疗责任制度及其与高昂的医疗成本之间的关系早就受到了广泛关注，但是迄今为止人们提出的建议都收效甚微。

手术和治疗方法多少都是有风险的，尽管有的时候风险看上去似乎很遥远且微不足道。有鉴于此，应该要求所有医生在进行有风险的手术、开出药方之前，向每一个病人解释清楚成功的概率有多少，坦率告知出现意外的永久性伤害或死亡的可能性，并获得病人的书面知情同意。要知道，缺少对药物处方或医疗手术的知情同意书这个事实本身，就构成了许多医疗事故索赔的基础。

在加利福尼亚、得克萨斯和佐治亚等州，"疼痛和痛苦"赔偿金（pain and suffering award）的数额现在受到了法律的限制，医疗事故保险的保费几乎因此减少了一半，从而显著地降低了医生的间接成本。然而，通过全国性立法限制这类赔偿金数额的尝试尚未取得成功。当然，在医生确实有过错的情况下，他们是应该为此承担责任的。但改革医疗侵权责任法，即对规范医生法律责任的规则进行改革，似乎确实是非常有前途的降低医疗保健成本的途径之一，因为那样的话，医生不得不支付的医疗事故保险费用，以及医生纯粹为了保护自己免受潜在诉讼而做的非必要检查、开的非必要处方带来的费用都将大幅减少。

医生在开处方的时候，容易出现两类决策错误。第一类错误是，在未对某种新药进行充分临床测试之前就将它列入了处方。[101] 第二类错误是，未能将某种已经经过合理测试但是其有效性和安全性尚未得到广泛证实的非常优异的新药列入处方。一些担心卷入诉讼的医生可能不愿意开某种新药，因为已经完成的测试并不能使他们相信它的安全性。另一些医生则可能过分急切地开了某种新药，不管它是否经过了充分的临床测试，因为它的好处已经得到了广泛的宣传，而且病人也在要求使用这种药物。在这两种情况下，医生都必须在不知道后续可能出现的负面结果以及可能面临的因不正确推测而被起诉的情况下，对药物的长期安全性和有效性进行初步评估。

通过改变医学教育来节约成本

目前的医疗培训方法也在间接地导致医疗保健成本的上升。一方面，医疗培训成本一直在急剧上升，而这最终肯定要反映到医疗保健成本上。[102] 1949年，当本章的其中一名作者在波士顿贝斯以色列医院（Beth Israel Hospital）担任内科实习医生时，他是不领工资的，但是医院提供了免费的食宿。到2009年，这同一家医院雇用了大约50名内科实习医生，每人的年薪达到5.3万美元（但是不提供食宿）。像贝斯以色列医院这样，雇用的实习医生人数和他们获得的报酬都在大幅增加的现象，并不罕见。[103] 此外，受20世纪80年代莉比·锡安（Libby Zion）医疗事故诉讼的影响，各家医院现在都要限制住院医生和实习医生的工作时间，据称这是为了减少因过度劳累而导致的医疗事故发生率。[104] 由此导致的一个结果是，医院不得不雇用更多的住院医生和实习医生，从而极大地增加了医院的运营成本。需要注意的是，这些例子只不过说明了美国医生的教育成本在近几十年急剧增加的众多原因中的两个。

当前培养医生的方法的另一个问题则与医学院的教学活动严重依赖于专科医生和次专科医生有关。医学院的教育未能有效地利用广泛分布在基层诊疗机构的内科医生和家庭医生（这些医生只占医学院师资中的很小部分）。扭转当前医疗培训过度专科化的倾向，可以减少专科检查的过度使用，同时还可以减少不必要地将病人转诊给专科医生或次专科医生的情况，他们收取的费用比内科医生和家庭医生高多了。

除了降低医疗保健成本，将医学教育（以及医生执业培训）的重点转向对家庭医生和基层医疗机构的内科医生的训练，也可以使广大患者受益，因为那样的话，患者就能够从一个熟悉他们全部病史的医生那里得到他们需要的全部（或大部分）诊断和治疗。相反，目前的体制往往要求病人定期去看四五个专科医生，每个专科医生都只关注某一种疾病或某个身体器官。[105] 这种情况往往会导致护理中断和成本过高，例如，当多个专家要求进行相同的检查时，或者当为治疗同一种疾病而开出了多种类似的药物时。院派医生运动（hospitalist movement）的兴起[106]将住院病人与他们的初级保健医生或首诊医生分开，解除了医生对住院病人的治疗责任和赔偿义务，从而加剧了这一问题。[107]

著名心脏病学家尤金·布劳恩瓦尔德曾经写到，有效的医疗护理需要一个监督员，就像一个管弦乐队需要一个指挥一样。[108] 专科医生和次专科医生只是医疗护理的某些方面所需要的，就像管弦乐大师只是偶尔会来一段独奏一样。例如，冠心病是弥漫性血管疾病（即影响身体血管的任何健康状况）的一部分，后者可能会危及大脑、肾脏、肠道和腿部的动脉。虽然有些手术可能需要专科医生，但是家庭医生或广泛分布在基层诊疗机构的内科医生才最有可能向作为一个"完整的人"的患者提供适当的医疗建议。

在医学院求学和在医院实习期间，未来的医生在医治、护理患者的过程中没有获得充分的关于医疗责任和成本问题的指导。好消息是，一些医学院和住院医生项目已经开始着手解决这个问题。[109] 如果这种培训真的能成为医学培训普遍标准的一部分，那么美国更广泛的医疗保健系统都将因此而受益匪浅。

通过改变医疗保险惯例来节约成本

传统观念认为，有三分之二的诊断都可以通过直接查阅病人的全面病史和进行一次彻底的体检做出，尤其是当医生有多年的行医经历，并能根据以往积累的知识和经验做出诊断时。[110] 而且，以这种方式做出的诊断，可能比依赖昂贵的高科技检测更准确、更具成本效益。但是，这种诊断很耗时，也没有进入大多数美国医疗保险计划。相反，为了节约医生的时间，医院往往要求病人自己动手填写病史表。这种做法的效果远不如直接地、面对面地与病人交谈问诊。在当面问诊过程中，犹豫的回答或困惑，可能有助于医生发现病人没有意识到的或希望隐瞒的潜在问题。

抛弃由病人自助填写的病史表，转而对病人进行更深入、更详尽且更有重点的问诊，医生不仅能够更准确地评估病人患常见病的风险[111]，而且能够更好地评估病人的生活方式并激励他做出改变，同时改善医生在培训和执业时的个人决策，并在总体上改善病人的预后。[112] 然而，尽管有这么多明显的好处，如果不对美国的标准医疗保险体系进行重大改革，使之能够补偿医生花费在获取患者详细病史和对患者进行彻底检查的时间，就不可能让这种深入的、面对面的病史访谈和体格检查成为医疗实践的常规操作。

最后，虽然这是一个很难实现的目标，但是对医生的护理质量和绩效进行衡量确实有助于改善美国的医疗保健系统。[113] 当前的按手术（程序）收费（pay-per-procedure）制度需要重新设计，将医生的报酬与他们为患者提供的医疗服务的质量和成本效益联系起来。然而，我们必须承认，评估医生绩效可能涉及极其庞杂且分散的文件资料，甚至可能完全抵消新制度能够带来的任何成本效益，因为医生将不得不把本来可用于病人护理的大量时间用于填写表格和记录各种操作。

关于疾病的新信息以及关于新的诊断和治疗方法进展的消息，现在更新得越来越频繁了。事实上，在修改这一章的过程中（前前后后花了好几个月的时间），我们几乎每个星期都忍不住想再加入新的内容，评论一些刚刚在医学杂志和媒体上宣布的医学创新。其中有许多确实可以节约成本，而且它们承诺可以带来的好处也许真的能够证明它们高得惊人的价格是合理的。所有这些都表明，令人印象深刻的迅速变化及其包含的高成本，正是不断发展的医疗保健科学的一部分。

然而，这些新医疗技术的有效性、安全性和成本，通常只有在它们投入使用之后才能确定。随着时间的推移，这些新技术中有许多可能会被证明不过尔尔。当这种情况发生，即当更好的方法和程序得到认可时，医生必须准备好放弃那些不再有效的方法，特别是那些成本高昂且对病人几乎没有好处的方法。

在医疗实践领域以及更一般的医疗体系中，时刻都在发生着变化，其中许多能够降低成本并提高医疗质量。预防疾病是降低医疗成本的主要手段之一。另一种可能是出台激励措施，鼓励医生停止成本高昂但效果改进不大的手术。此外，可能有必要对昂贵的新医疗设备的成本加以补贴或对它们的使用进行管制，因为医生使用这类设备的次数往往会超过绝对必要的次数（因为他们没有其他办法来收回成本）。通过更准确地评估新的和现有的医疗方法，消除不必要或有害的手术，鉴别成本更低的治疗方法，抑制患者对不必要的检查和治疗的需求，同时改革医疗责任和医疗保险制度，消除医疗保健支出中的浪费，也都是降低总体医疗保健费用的有效方法。如果我们在培养未来的医生的时候就关注如何使他们更偏好那些既能节约成本又能改善疗效的诊断和治疗方案，那么我们还必须考虑修改医学院课程，并招聘更多在如何提供更广泛的医疗保健方面接受过训练的教员。这里颇有点自相矛盾的是，有效控制成本最有希望的途径可能不是减少支付给医生的报酬，尽管这个选项一直很受欢迎。相反，正如著名的医疗经济学家乌维·莱因哈特观察到的那样，"医生是医疗保健的核心决策者。更好的策略可能是给他们优厚的报酬，让他们帮助我们减少不必要的医疗支出"。[114]

尽管现在评估2010年初签署的《患者保护与平价医疗法案》还为时过早，但是我们有理由认为，尽管包含了许多节约成本的措施，该法案倡导的改革不可能大幅削减总体医疗支出，因为该法案错失了两个重要的机会。首先，由于没有要求增加基层内科医生和家庭医生的数量，它错过了降低美国人对昂贵的专科医生的依赖的机会，也错过了减少当一个病人接受多个专科医生的医疗服务时不可避免的浪费性支出的机会。这一错失机会，再加上数百万新参保患者的涌入，可能会立即导致初级保健医生的短缺。其次，该法案本可以重新调整向医生支付报酬的方式，废除按手术收费的制度（该制度规定只对特定的手术或医疗程序向医生支付费用）。目前的制度对使用成本较低的诊断方法（例如体格检查和面对面的深入病史访谈）和治疗方法（例如药物疗法和改变生活方式）的医生没有激励，因此实际上可能会阻碍这些方法的使用。因此，我们可以预测，该法案的出台也许有助于降低目前的医疗保健支出水平，但是不会降低这些费用继续无情地以很高的速度增长。

除非全球经济的命运发生重大变化，否则困扰医疗保健的成本病将长期持续存在。如果我们采取一切可能的措施重新考虑并重塑医疗实践，那么我们应该能够降低支出水平，提高我们的医疗保健系统所能提供的服务质量，也许是大幅提高。然而，正如我们已经多次指出的，无论我们采取什么措施来提高医疗保健的效率和减少浪费，我们都可以预期，随着成本病机制的持续存在，医疗保健支出仍将继续迅速增长。

第十二章
结论：我们将去往何方？
我们应该怎么做？

未来就在眼前！

——莫特·萨尔（Mort Sahl）

展现在我们面前的画面其实并没有那么可怕。我们可以拥有一切：更好的医疗保健、更优质的教育，甚至更多的管弦音乐会，而且我们不必为此放弃衣食住行，甚至无须减少对不那么重要的商品和服务的消费，如舒适的假期、不受限制的旅行和随时可得的娱乐。这不仅仅是一种显得有些"天真"的乐观主义态度，而且正是我们已经经历过的事情。自第二次世界大战结束以来，医疗费用的爆炸式增长和大学学费的急速提高，并没有阻止美国人消费这些以及其他服务和商品。事实上，我们现在的寿命比以往任何历史时期都更长，上大学的人口比例也在不断上升。恰恰相反，未来真正会对这个理想构成威胁的是愚蠢的公共政策。

让我们考虑两种可以设想的未来前景。在第一种前景中，整体生产率继续保持增长，就像近几个世纪以来在世界许多地区都发生过的那样。当然，没有人能够保证这种情况一定会发生，但是我认为，在一个竞争性的经济社会中，这应该会发生。在这种情况下，我们将负担得起社会所需的更多东西。哪怕医疗保健和教育变得越来越贵，我们的收入也会快速增长，足以让人们负担得起这些服务。

是经济学家琼·罗宾逊首先引起了我对这种前景的关注。她指出，如果全世界所有地方的生产率都在提高，即便某些行业的生产率比另一些行业的生产率要低，那么根据定义，同样的劳动时间甚至更少的劳动时间将比以前生产更多的商品和服务。这基本上就是20世纪美国已经发生的事情。结果是，我们现在可以负担得起几乎所有社会成员（当然，在经济衰退时期除外）所需的（更多的）一切东西，所有有助于提高生活水平的东西。当然，这并不意味着我们已经解决了所有经济问题。我们的社会中仍然会有穷人，而且由于成本病的影响，部分医疗保健和其他服务的资金可能必须通过政府机构来提供，这样必定会带来大量政治问题。

但是，假设未来的生产率不再持续增长。假设创新逐渐停止。假设我们耗尽了自然资源，平均收入水平停止了稳步上升。那么又会怎样呢？正如我们在第八章中已经看到的，那样的话，成本病将不复存在，因为成本病本身源于不同经济部门生产率增长的不均等。如果所有经济领域的生产率增长都为零，这种不均等就会消失，成本病将不再是一个问题，但是这也就是唯一的好消息了：我们的其他问题，尤其是贫困问题将会严重得多。

当然，这种令人沮丧的情况不会发生。即便像一些观察人士宣称的那样，创新正在放缓，但是创新驱动的生产率提高也仍然远未下降至零。想想互联网带来的奇迹吧。在这里，创新催生了更多的创新。尽管我们目前正处于历史上经济增长率低于正常水平的周期性时期，但是我们显然更应该着眼于未来生产率的持续提高，那将使繁荣达到前所未有的程度。

有鉴于此，很明显，如果"医疗保健和教育等服务是我们负担不起的"这种错觉阻碍了医疗保健和教育的改善，那么我们所有人都将不得不承受自己酿下的苦果。根据定义，生产率不断提高本身就能确保未来我们可以获得丰富且合意的产品和服务。对这个美好前景的主要威胁是一种幻象（即认为社会不可能负担得起它们），以及由此而产生的政治幼稚病，比如一方面要求削减政府收入，另一方面又要求政府预算必须永远保持平衡，它们将剥夺我们的后代享受这些好处的机会。

注　释

前　言

1. 在本书中，"个人服务"（personal services）一词是指由个人直接提供给用户的服务，其特点是服务提供者的劳动很难节约，如医生进行的体格检查，或执业护士提供的服务。

2. Baumol and Bowen（1966）.

3. 见诺德豪斯（Nordhaus，2008，第21页）。诺德豪斯还指出，"生产率增速相对较低的那些行业（'停滞行业'）在相对价格增速方面呈现一个百分点、一个百分点增长的模式……此外，近半个世纪以来，在那些能够很好地进行衡量的行业中，生产率差异可以解释85%的相对价格差异"（2008，第21页）。

4. 不过，在20世纪90年代美国试图通过医疗保健立法（由希拉里·克林顿主导）的那个时期，成本病确实引起了一些关注。

第一章　医疗保健成本为什么持续上扬

1. National Center for Education Statistics（2010）.

2. Taylor（2010）.

3. 根据普雷斯托维茨（Prestowitz，2010）的研究，美国的预期寿命（78.11岁）在所有国家和地区中只排名第50位，仅在阿尔巴尼亚和台湾地区之前，同时美国的婴儿死亡率（6.26‰）在国际上的排名则为第46位，刚刚排在古巴和关岛之后。与此同时，美国在医疗保健上的支出大约占GDP的17%，而新加坡和法国——这两个国家的医疗保健指标不比美国差，例如婴儿死亡率就比美国低得多——则分别只占GDP的3%和8%。普雷斯托维茨的结论是："与世界上其他主要国家相比，尽管美国人在婴儿时期存活的可能性较低，尽管他们的预期寿命更短，但是美国人为医疗保健支付的费用却是其他主要国家的两倍甚至更多。"（第25页）

4. Immerwahr and Johnson（2009）.

5. National Center for Public Policy and Higher Education（2008，第8页图5）。

6. 在本书中，我们讨论的主要是成本，但是有时我们也会同时提到价格和成本，因为可得数据都是用价格表示的。然后我们再从这些价格数据中推断出成本的"行为"。无论如何，重要的是记住，由于价格是由成本驱动的，对价格变动的解释必须基于成本之上。

7. 这里必须指出的是，要获得这种多国比较所需的统计数据极其困难。在某种程度上，这是由于衡量问题。每个部门都有一些服务，例如政府提供的服务，其产出很难衡量，甚至很难定义和观察。此外，由于不同国家的医疗保健和教育之间的差异如此之大，各国之间的统计数据很难比较。

第二章 是什么导致了成本病，它会持续存在吗？

1. 当然，一定会存在这样的产品，因为如果有些产品的成本增速快于平均水平，那么就必定会有其他产品的成本增速低于平均水平。

2. 关于与人口老龄化相关的医疗保健成本的更多信息，请参见Hartman et al.（2008）、Chernichovsky and Markowitz（2004），以及Newhouse（1992）。关于与药品成本相关的医疗保健成本的更多信息，请参见Catlin et al.（2008）。

3. National Practitioner Data Bank（2006，第26页）。

4. 同上，第62—70页。

5. Organisation for Economic Co-operation and Development（2009）.

6. Association of American Medical Colleges（2008，第3页图3："U.S. Medical School Applicants and Matriculants 1982－83 to 2007－08"）。请注意，在美国，人们并没有预计医生之间的竞争很快会下降。自从20世纪70年代以来，美国新开设了大量的医学院，目标是让医学院入学人数每年增加大约30%，即每年新增大约5 000名学生（Devi，2010）。

7. U. S. Bureau of Labor Statistics（2009d）.请注意，这里所说的"医务工作者"包括了受雇于医生办公室的所有人员。

8. U. S. Bureau of Labor Statistics（2009f）.

9. Snyder、Dillow and Hoffman（2009，第57页图6）。请注意，每位教师所教的学生人数之所以下降，部分原因是班级规模缩小了。

10. 一位著名的作曲家曾向我吐露，在他看来，观看现场音乐表演很像在一个过于闷热的拥挤房间里阅读小说，而且是把书中的文字投射在昏暗的屏幕上来阅读。

11. Uchitelle（2009）.

12. 当然，生产率提高并不是导致制造业就业率下降的唯一原因。值得注意的是，向低工资国家的外包也起到了一定的作用。

13. Uchitelle（2009）.

14. 然而，一国经济的整体通胀当然会影响所有商品和服务的成本，因此，通胀会在停滞部门的服务的成本增加上，又增加额外的货币成本。

15. 大众媒体的出现极大地提高了音乐表演的效率，极大地增加了一场演出的听众人数。然而，这并没有解决问题。例如，电视广播的费用正在以与现场表演非常相似的复合速度增加。这是由于广播的高科技部分的生产率迅速增长，导致电视转播费用在广播活动总预算中所占的比例不断下降。因此，现场表演部分在广播费用中所占的份额不断增加。关于相关统计证据的完整讨论，请参见Baumol、Batey Blackman and Wolff（1989，第6章）。

16. U. S. Bureau of Labor Statistics（2009a）.

17. 同上。

18. U. S. Bureau of Labor Statistics（2009c）.

19. U. S. Bureau of Labor Statistics（2009b）.

20. U. S. Bureau of Labor Statistics（2009f）.

21. 然而，请注意，在16—17世纪，当时并不存在统一的意大利，也还没有联合王国。

第三章 未来已来

1. 当然，这是因为街道清洁工、地铁驾驶员、邮递员、接线员和厨师的工资稳步增长推高了提供这些服务的总成本。为了跟上不断上涨的成本，提供这些服务的企业和政府必须找到降低自身成本的方法，通常是通过减少雇员的数量。是这种减少而不是与成本病相关的成本不断上升导致了这些服务的质量和数量下降。

2. 在这里，有必要澄清的是，这是那些需求上升的服务的可预见的"命运"，即便它们的成本在不断上升。然而，其他服务，如女佣和男管家的服务，由于成本上升，预计将会通过需求下降来实现均衡，其中有许多这类服务几乎完全消失了。

当然，劳动力供给也与此相关。人口快速增长可以扩大劳动力供给，而这反过来又会降低工资，减缓由成本病引起的成本增长。但是令人高兴的是，在世界大部分地区，爆炸式增长的生产率正在提高实际工资（经通胀调整后）。正如一位学者在最近指出的，"这也许是一种陈词滥调，但是它依然是对的……一个生活在21世纪发达国家的中产阶级家庭，享受着两个世纪前连国王都几乎负担不起的奢华生活"（Rosen，2010，第xviii页）。

3. 需要注意的是，在发展中国家，这种变化还没有发生，那里的工资一直很低。例如，在印度，中产阶级甚至中下阶级以下的家庭仍然有能力（通常也会）雇用女佣、厨师和司机。

4. Stallybrass（2006，第5页）。

注 释

5. 同上，第558页。

6. 我早些时候曾猜测，汽车修理成本的增长率将持续超过通胀率，但是这个预测未能得到数据的证实。如今汽车维修的成本变化模式显然与制造和检测的成本变化类似，部分原因是汽车修理师现在能够利用计算机更快地识别汽车的哪个部件出了问题。

7. Veblen（1899，第176页）。

8. Satava（2003）。

9. 在第四章中，我将提供进一步的细节来支持这一点。我的 *The Microtheory of Innovative Entrepreneurship*（2010）一书的第五章也讨论了这个问题。

10. 关于其他工业化国家医疗保健和教育成本上升的更多细节和数据，请参阅本书第一章；关于低收入和中等收入国家的医疗保健成本的分析，见本书第七章。

11. 这也就是说，这些服务就是经济学家所说的"价格无弹性"（但"收入有弹性"）的商品，这些术语意味着对这类商品的需求不会因价格上涨而减少多少，却会因购买力增长而大幅增加。

第四章 是的，我们负担得起

1. Bradford（1969）。

2. 我们这本书是多位作者共同努力的结果，它显然不适合就医疗改革的理想形式展开政治辩论。本书的所有内容都不是政治宣言，而是用来说明我们的社会能够提供什么服务，以及我们必须为那些被认为是不可或缺的服务付出什么代价。

3. 从1990年到2006年，中国的人均GDP以每年略高于9%的惊人速度增长（OECD and Korea Policy Centre，2009）。

4. Maddison（2001，第264页表B-21）。

5. Cox and Alm（1997，第5页）。

6．同上。

7．同上，第8页。

8．同上，第11页。

9．Federal Reserve Bank of Dallas（1997，第19页）。

10．Halfhill（2006）；Warren et al.（1997）.

11．1790年9月28日的信（Anderson，1990）。

12．当然，正如我们已经注意到的，经济学家并不总是很善于预测遥远的未来。下面的讨论只是为了说明，如果能够重现20世纪的增长率，那么21世纪的增长和成本将会发生什么变化，我们没有理由拒绝这种可能性，尽管21世纪头10年的全球衰退作为一种预兆，可能并不是很令人鼓舞。

13．我们使用1950年至2001年半个世纪期间美国的人均GDP数据计算了当前的生产率增速（Maddison，2003，第262页）。我们用2.13%的年均增长率来计算2105年的美国人均GDP。反过来，我们使用美国1995年和2005年的医疗保健支出数据（OECD，第8—9页），计算了美国医疗保健支出占美国GDP的比例在这10年间的年均增长率（1.41%）。然后再用1.41%的增长率计算2105年美国医疗保健支出占美国GDP的百分比。在选择用于这些计算的数据时，我们选择的是麦迪森的人均GDP数据，因为使用他的数据计算出来的结果是"最温和的"，介于极低和极高的增长率之间，后两者分别使用OECD和2006年《美国总统经济报告》(*Economic Report of the President*)提供的美国实际人均GDP数据计算。

有些读者可能会反对（这种反对意见是完全可以理解的），我们用来计算人均GDP（1950—2001年）增长率和医疗保健支出（1995—2005年）增长率的数据是属于不同时期的，这会扭曲上述预测。对于这个批评，我们首先要指出的是，因为我们并不认为我们这种计算是"实际预报"（actual forecast），而只是一种预测（projection），因此这并不会成为一个很严重的问题。无论我们在这里采用何种定量分析方法，我们肯定不能声称自己能预见一个世纪后的真实数字。我们的计算只是为了说明这个问题的逻辑。其次，当我们使用1995年和2005年的数据计算人均GDP的年均增长率以匹配我们的医疗保健数据的时间段时，我们得到了比更保守的2.13%的年均增长率更高的增长率（2.27%），所以我们使用2.13%这个较低的增长率来预测2105年的美国人均GDP。如前所述，我们倾向于使用产生最温和结果的数据。（类似地，人们可以用非线性模型来代替我们用来计算预测值的线性模型，但是那样真的能给我们预测未来的能力带来实质性改进吗？非常值得怀疑。）总之，我们可以很有把握地得出这样一种结论：无论我们选择哪一种可接受的增长率进行这些预测，本章开头的那句话都是正确的：如果几乎每个经济部门的生产率都提高了，公众就能享受更多的每一种商品。

14. 当然，这只要求有一些社会成员通过医疗保健以外的经济活动来谋生；根据定义，医疗保健的成本永远不可能达到GDP的100%。

15. Baumol（2002）.

16. 同上，特别是第三章。

17. Schumpeter（1936）.

18. Carroll（1902，第38页）。

19. 本节是对鲍莫尔2010年著作的简要复述，更详细的讨论见该书。

20. 当然，这些人中的许多人都像比尔·盖茨一样创建了自己的大型企业。但是这些人中的每一个人，在最开始时都要么是一个单打独斗的奋斗者，要么是某个初创公司的一小群创始人中的一员。

21. Baumol（2002，第5章）。

22. 当然，认为制度在影响生产性企业家供给方面发挥着重要作用并不是一个全新的观点，许多作者都强调过这一点，特别是道格拉斯·诺思（North and Thomas，1973；North，1990）。然而，有一种相对较新的观点认为，制度变化不会在以前很少存在企业家的地方催生一批新企业家，而只是会促使有进取心的个人离开他们以前的非生产性活动，并引导他们转向生产性活动。纽约大学斯特恩商学院教授理查德·西拉（Richard Sylla）在最近一次个人交流中，举了一个惊人的例子来佐证这个批判性结论："（在）明治时期的日本……改革家们将农民支付给武士的大米转换为政府债券,然后发政府债券给武士,并向农民征税以支付债券的利息。这样就鼓励武士们转变为投资者和银行家……于是拥有现代金融体系的日本一下子把亚洲其他国家甩在了身后,赶上了西方。"武士从战斗者到银行家的转变,无疑是制度变革促使非生产性企业家将其努力转向生产性活动的一个经典例子。

23. Himmelstein et al.(2005,第w5—w63页)。

24. Anstett(2009);Hawke(2005).为了公平起见,我们还必须提一下早先一项关于加拿大人使用美国医疗服务的研究。该研究报告称:"结果……并不支持加拿大居民在美国广泛寻求治疗的普遍看法。事实上,与加拿大人在本国接受的医护相比,研究发现的加拿大居民在美就医的数字是如此之小,几乎难以察觉。"(Katz et al.,2002,第20页)

25. Foubister et al.(2006,第xv页表1:"Subscriber numbers and people covered, as a percentage of the United Kingdom population, 1997‐2003")。

26. 一项针对高等教育公共支出的复杂实证研究提供了证据(Ryan,1992,第261页),表明受成本病影响的服务普遍存在短缺现象。该研究的结论是,尽管有一些值得注意的地方,但是"高等教育资源配置不足可能已经普遍存在,最严重的困难发生在财政限制最大的国家,如丹麦、新西兰和英国"。

27. 其他工业化国家也会出现类似的现象。

28. 在说到"计划经济"的时候,我们指的是苏联以及其他一些国家的经济体制,这些国家对经济进行了大量政府干预,但是结果通常无法令人满意。

29. 我们这个分析的悖谬之处在于,要彻底治愈成本病,唯一的办法就是停止生产。如果包括制造业在内的所有行业都不存在劳动节约型改进,那么医疗保健和教育就不可能落后,它们的相对成本也将停止上升。然而,这肯定是一个需要竭力避免的解决方案。

30. "Editorial opinion: Bridgeport goes bankrupt"(1991,第A20页)。

31. Moynihan(1993,第xxv页)。

第五章　成本病的阴暗面

1. 正如著名的英国经济学家莱昂内尔·罗宾斯（Lionel Robbins）曾经指出过的，20世纪发生的诸多战争和有组织的种族灭绝行为，也许会使这个世纪成为有史以来最可怕的一段历史时期。而且不幸的是，目前正在展开的速度快得令人难以置信的技术进步，可能会使21世纪拥有"超越"20世纪的战争手段。

2. 最新型的战斗机的成本可能会越来越高，世界各主要大国的军备支出肯定会继续给它们的政府带来破坏性赤字，但是廉价的军事装备供给仍然非常充足，正如本章开头的题词强调的那样。

此外还必须指出的是，制造成本并不是影响武器市场价格的唯一因素。例如，一个特定地理区域的军事活动的规模和由此产生的需求规模显然是相关的。但是，这些影响肯定不能否定生产成本在决定武器价格方面的作用。

3.《纽约时报》有一篇报道称，朝鲜2006年成功进行核试验后，"据信拥有核武器的国家增加到了9个"。但是联合国原子能委员会的官员估计认为，拥有制造核武器的技术和能力的国家实际上多达40多个，在某些情况下，它们还拥有制造核导弹所需的材料"（Broad and Sanger, 2006）。

4. 有关环境灾难的一个入门性讨论，请参阅波斯纳的著作（Posner, 2004）以及帕森（Parson, 2007）对波斯纳著作的长篇评论。想要了解更多环境恶化的根本原因，请参阅斯佩思的著作（Speth, 2008）。

5. 例如，请参见阅斯佩思（Speth, 2008）著作的第4章。

6. 正如我们在本书第二章解释的那样，成本病并不会使所有服务都稳步变得更加昂贵。例如，由于技术进步，电信服务变得越来越便宜。但是，这种能够提高生产率的服务一般是在大量设备和能源投入的帮助下产生的。这不是巧合，因为生产这些服务的成本之所以更容易减少，正是因为它们包含的劳动成分相对较少，而且更容易用设备替代劳动。因此，增加这些服务的产出对保护环境几乎没有任何帮助。

7. 为此，经济学家也赞成用市场驱动的方法来代替增税。例如，许多经济学家倡导的不是对所有污染排放征税,而是一种"总量控制与交易"制度,即污染者必须购买许可证,同时在许可证上明确规定许可证持有者被允许的最大排放量。这些许可证可以在市场上由一家公司出售给另一家公司。这种制度背后的基本思想是,对许可证的需求将推高许可证价格,使得许可证对污染者来说就像排放税一样昂贵。

8. 这里值得注意的是,并非只有经济学家在敦促改革整个税收体系。这种税收方式的主要支持者之一是爱创家(Ashoka)的创始人兼首席执行官威廉·德雷顿(William Drayton)。爱创家是一个在社会企业家领域开展工作的非常可贵的组织。这种控制环境破坏的政策方法源于英国经济学家庇古。他的巨著(Pigou, 1912)开创了经济学的一个新分支——福利经济学,其中就包括环境政策。

第六章 对成本病的常见误解

1. 请注意,持续的低效率或盗窃不能解释成本病,因为关键不是受影响行业的成本高,而是它们年复一年地迅速攀升。

2. 关于服务业和制造业在GDP中所占份额的优秀分析参见萨默斯(Summers, 1985),尽管它涉及的时期距今已经相当久远了。世界银行最近的数据表明,在过去40年中,工业(包括制造业、采矿业、建筑业、水、电和天然气行业)占全球GDP总量的比例下降了大约四分之一,即从1970年的近40%下降到了2006年的略低于30%。

3. 停滞部门和进步部门的产出比例取决于消费者对进步部门产品价格下降、停滞部门产品价格上涨以及各个部门员工收入上升的反应,这些反应是经济生产率持续提高以及其他各种影响的结果。有鉴于此,我们不应草率地得出结论,认为这两个部门的产出比例一定会保持不变(甚至大体上保持不变)。但是,这样假设可以使我们的分析变得更直接、更方便,在这个意义上,这个假设仍然是合理的,只要我们不要忘记,用它来描述现实只是近似模拟就可以了。

4. 从实际操作的层面看,应该注意质量改进是很难衡量的。毕竟,怎样才能准确量化那些相对主观的性质的变化呢？由于这个原因，用来确定质量变化的方法很少是直接的，而且常常会被认为是可疑的。因此，许多研究生产率数据的人根本不去尝试根据质量的提高进行调整，不过，他们对此也心怀歉意。

5. 在医疗保健行业尤其如此，我们知道，未经质量调整的生产率几乎没有提高多少（如果有的话）。然而，与此同时，医疗技术的奇迹般进步不仅抵消了成本上升，而且确保了经质量调整后的生产率不断提高。

6. 本节的观察结果是由我知识渊博的合著者蒙特·马拉克博士提供的，我非常感谢他。

7. 截至2010年，能够由机器人进行的手术包括肾脏移植、膀胱和尿路结石清除、胆囊手术、冠状动脉搭桥手术、心律失常治疗、妇科手术、子宫和卵巢手术、胰腺手术、肝脏切除和移植、减肥手术、髋关节和膝关节置换手术、疝气修复、各种肿瘤的无线电手术和儿童先天性气管食管瘘修复。

8. 机器人手术的好处是毋庸置疑的，但值得注意的是，有许多反对者认为，随着时间推移获得个人医疗专业知识同样准确，而且成本远低于机器人手术。

9. Prewitt et al.（2008）。

10. 同上。

11. 同上。

12. U. S. Renal Data System（2011, Table Kb: "Medicare Payments per Person per Year by Claim Type"）。

13. MacReady（2009）。请注意，截至2009年，美国有超过36万人正在接受肾透析（出处同前）。

第七章 成本病与全球健康

1. Newhouse（1977）、Abel-Smith（1967）和Kleiman（1974），以及其他一些经济学家利用OECD国家的数据证明了这种比例关系的存在。

2. 世界卫生组织（2001）；其他学者对欧洲国家（Murilo、Piatecki and Saez，1993）和发展中国家（Murray、Govindaraj and Musgrove，1994）的研究也发现了类似的结果。

3. 跨国回归得出的人均医疗保健支出与人均GDP的正相关系数R^2大约为0.94。

4. Van der Gaag and Štimac（2008b）.

5. Van der Gaag and Štimac（2008a）.

6. 同上。

7. World Health Organization（2010b）.

8. Baumol（1988）.

9. Van der Gaag and Štimac（2008a）.

10. Lu et al.（2010）.

11. Van der Gaag and Štimac（2008a）.

12. Baumol（1988）.

13. Schellekens et al.（2007）.

14. Musgrove, Zeramdini and Carrin（2002）.

15. Narayan（2007）.

16. Morgan, Ferris and Lee（2008）；Emanuel and Fuchs（2008）.

17. Constant et al.（2011）；Hartman et al.（2008）；Chernichovsky and Markowitz（2004）.

18. Newhouse（1992）；Catlin et al.（2008）.

19. Thomas, Ziller and Thayer（2010）.

20. 关于导致医疗保健成本上升的诸多因素的更详细讨论，请参阅本书第十一章。

21. Baumol（1993）.

22. 关于成本病的完整解释，请参阅本书第二至四章。

23. Chernew, Hirth and Cutler（2009）.

24. 关于这些数据的说明，请参阅本书第一章。最近的宏观经济分析也给出了有力的证据，证明发达国家（Hartwig，2008）和美国（Nordhaus，2008；Flanagan，2012）确实存在成本病。

25. Truffer et al.（2010）．

26. Orszag and Ellis（2007）．

27. Maddison（2007）．

28. Gurría（2009）．

29. O'Neill et al.（2005）；World Economic Outlook（2009）．

30. Notestein（1945）．

31. Omran（1971）．

32. Fries（1980）．

33. Lu et al.（2010）．

34. United Nations Health Partners Group in China（2005）；Wang, Xu and Xu（2007）．

35. World Health Organization（2010a）．

36. Anderson and Chalkidou（2008）；Fowler et al.（2008）．

37. Collier（2007）；Commission on Growth and Development（2008）．

38. United Nations General Assembly（2010）．

39. Van der Gaag and Štimac（2008b）；Lu et al.（2010）．

40. Abel-Smith（1991）．

41. Krishna（2010）．

42. Xu et al.（2007）．

43. World Health Organization（2010a）．

44. Garrett, Chowdhury and Pablos-Méndez（2009）．

45. Escobar, Griffin and Shaw（2011）．

46. Bleich et al.（2007）．

47. Frank et al.（2006）；Gotret, Schieber and Waters（2008）．

48. Hsiao and Heller（2007）.

49. Lagomarsino et al.（2009）.

50. 加纳案例的资料来源为麦肯锡公司（2010），以及 Joint Learning Network for Universal Health Coverage（2011）。

51. World Health Organization（2010b）.

52. International Development Association（2008）.

53. Garrett, Chowdhury and Pablos-Méndez（2009）.

54. Reddy et al.（2011）.

55. Hu et al.（2008）.

56. 关于表7.1所列数据的来源和局限性的说明：世界卫生组织提供了其成员方1995—2005年的时间序列、标准化国民健康账户数据。自2000年以来，大约有60个低收入和中等收入国家建立了国民健康账户（Hjortsberg, 2001）。但是在2000年以前，一些发展中国家的数据很有限。在表7.1中，我们使用了2007年（未经通胀调整的）名义总医疗保健支出数据（WHO, 2009）。

我们用来分析国民健康账户数据的方法整合了不同来源的数据（政府预算、住户调查等），并剔除了家庭的居家护理支出（Rannan-Eliya, 2008）。毫不奇怪，不同的国家和组织在计算和报告统计数据的方式上有细微差别。由此产生的不精确性意味着，人均GDP和人均医疗保健支出之间的相关性甚至比本章报告的还要大。

此外，由于国际货币基金组织（2008）没有提供以下世卫组织成员的人均GDP数据，所以这些国家不包括在本章的分析中：安道尔、库克群岛、古巴、朝鲜、伊拉克、马绍尔群岛、密克罗尼西亚联邦、摩纳哥、黑山、瑙鲁、纽埃、帕劳、圣马力诺、索马里和图瓦卢。

国际劳工组织衡量正式医疗保险参保率的标准是"按根据法律规定正式享受社会健康保护的人口计算，而不涉及有效地获得医疗保健服务的机会、服务质量或保险的其他方面"。我们在这里必须强调的是，收集关于正式医疗保险覆盖范围（参保率）的数据是很困难的，之所以选择国际劳工组织的数据集，是因为它涵盖了目前可获得的最多的经济体。然而，这些数据仍然有一定的局限性。例如，这些数据只考虑了医疗保险参保率的一个方面，即医疗保险覆盖的人数，而没有考虑医疗保险的实质内容以及医疗服务的支付比例有多高。例如，在这个数据集中，美国的医疗保险覆盖率被列为100%（这当然不是事实），而斯里兰卡的覆盖率则被列为0.1%（这个数字显然被严重低估了）。

57. Bump（2010）.

58. Bloom and Canning（2000）; Hughes et al.（2011）.

59. Chernew, Hirth and Cutler（2009）.

60. Abel-Smith（1967）.

第八章 混合产业与成本病

1. 在本章的讨论中，为了简化，我们假设：当一种商品的单位成本持续发生大幅变化时，它的市场价格一般都会被迫朝同一方向变动。因此，在本章中，如果我们谈到成本在下降或价格在下降，那么我们通常指的是，无论在哪种情况下，成本和价格都是同时在下降的。

2. Baumol, Batey Blackman and Wolff（1989）.

3. 然而，正如夏尔·戴高乐里尔大学的弗朗索瓦·霍恩在一篇文章中证明的那样（François Horn, 2002），软件研制的生产率一直在迅速提高，尽管没有硬件的生产率提高得那么快。因此可以肯定，就生产率提高而言，认为所有的非硬件投入品都是停滞的肯定是不正确的。

4. 有关这方面的更多信息，请参阅 Baumol、Batey Blackman and Wolff（1989，第6章）。

5. 自工业革命以来，劳动生产率和工人收入都得到了迅速提高。一个合理的（尽管是非常粗略的）估计是，从那时起，至少在进步部门，每小时劳动的实际产出增长了大约2 000%。如果研发活动的市场价值以接近这一速度增长，那么就意味着这种活动的成本肯定也在大幅增长。

第九章　生产率增速、就业配置以及商用服务的特殊情况

1. 在本章的讨论中，为了简化，我们假设：当一种商品的单位成本持续发生大幅变化时，它的市场价格一般都会被迫朝同一方向变动。因此，在本章中，如果我们谈到成本在下降或价格在下降，那么我们通常指的是，无论在哪种情况下，成本和价格都是同时在下降的。

2. 当然，我们不能排除这样一种可能性：在未来的某个时候，一项技术突破将使一种产品从成本持续上升的类型切换到成本不断下降的类型。但是这种跃迁的发生，既不确定也不容易。如果一种产品的实际成本处于不断上升或持续下降的轨道上，一般来说人们可以合理地认为，它将在相当长的一段时间内继续沿着这一轨道运行。

3. 根据法甘（Fagan, 2001）的说法，在中世纪，欧洲大约有90%的劳动力都从事农业。

4. 联合国粮农组织（2006）；美国劳工统计局（2008a），"Occupational Employment Statistics Survey"。在美国，这一百分比是根据美国劳工统计局对以下职业的全国就业的估计结果计算出来的：农业、渔业和林业工人的一线主管/经理；农业劳动的承包商；农业检查员；动物育种者；农产品分级和分拣员；农业设备操作人员；农业工人—农作物、苗圃和温室劳动者；农业工人—农场动物和牧场动物养育劳动者；农业工人—其他所有劳动者。

5. U.S. Bureau of Labor Statistics（2008b），"Current Employment Statistics"。

6. 在中国，直到1995年，制造业的就业人数一直在以不均匀的速度增长。1995年之后，这个部门的就业人数开始出现下降，这一趋势一直持续到2002年。然而，在2002—2008年，中国的制造业就业人数从2002年的8 300万人增长到了2008年的1.04亿人（中国国家统计局，1978年到2002年各年，2008年）。在差不多同一时期，在日本，直到1992年，制造业部门的就业先是稳定增长，然后急剧下降，尽管总体就业继续增加（Banister, 2005）。

7. Baumol and Bowen（1966）。

8. Oulton（2001）.

9. 关于商用服务部门对生产率增长影响更全面和更正式的讨论，请参考相关文献，例如，Sasaki（2007）。

10. Oulton（2001）.

11. 本节的讨论在很大程度上是以卢巴卡巴和科克斯的论文为基础的（Rubalcaba and Kox，2007）。

12. U.S. Bureau of Labor Statistics（1979—2009a）.

13. U.S. Bureau of Labor Statistics（1979—2009a；1979—2009b）.

14. Rubalcaba and Kox（2007）.

15. 同上，第8页。

16. 例如，现在新出现了一种通常被称为动作捕捉的动画技术，它通过传感器捕捉现场演员的动作，并实时转换为三维数字文件，因而使得动画师能够像导演真人电影一样处理角色和动画。在阈值动画研究公司（Threshold Animation Studies），采用这种实时动画制作技术，每部电影的平均制作时间减少了30%~50%。此外，阈值动画研究公司还发现，使用传统数字动画制作方法需要6个月才能完成的一些场景，使用实时动画动作捕捉技术只需15分钟就可以完成。

17. 我们很幸运，本章的主要作者之一莉莉安·戈莫里·吴博士就是IBM全球大学项目主管。由于IBM的相关材料比较容易得到，所以我们关于商用服务的讨论将围绕IBM的案例展开。

18. IBM Corporation（2010）.

19. 经济学家通常用"创新"一词来指推出一种新产品，改进它以迎合消费者的偏好，然后制造和销售它的整个过程。

20. Confederation of Indian Industry（2007）.

21. Catone（2007）.

22. IBM Corporation（2007a）.

23. IBM Corporation（2006）.

24．更多细节，请参见 Bjelland and Wood（2008）。

25．Original Equipment Suppliers Association（2007）.

26．IBM（2005）；Global Dialogue Center（2006）.

27．需要注意的是，到2010年时，ThinkPlace已经演变为创新中心（Innovation Hubs），它们将ThinkPlace模型应用到IBM内部更小的组织单位。例如，所有参与采购的IBM员工现在都有了自己的创新中心，就像研究、销售和其他部门的员工都有了自己的创新中心一样，这样就极大地促进了针对各自工作领域的新想法的出现。

28．Rummler and Brache（1995）.

29．本节基于邹至庄等人的一篇论文（Chow et al.，2007），以及IBM发布的"Supporting Innovators and Early Adopters: A Technology Adoption Program Cookbook"，请参见 Alkalay et al.（2007）。

30．Sanford（2005）.

31．Alkalay et al.（2007）.

32．同上。

33．Oulton（2001）.

第十章　医疗保健中的商用服务

1．关于保健创新带来的成本与质量改进的进一步讨论，见本书第六章。

2．医学研究所十年前发布的一份广受认可的权威报告（Kohn、Corrigan and Donaldson，2000）指出，当时的数字是每年9.8万人死亡。最近一项使用医保患者数据的研究估计（HealthGrades，2004），美国医院每年有19.5万人死于各种可预防的错误，包括诊断错误、手术或医疗程序执行不当或不必要的操作、未能预防的伤害或药物使用错误。最近一项针对美国医院用药错误的研究（Aspden et al.，2006）得出的结论是，平均而言，"一个典型的患者身上每天都会发生一次用药错误"（第111页）。总的来说，最新估计表明，每年在美国医院都会发生超过300万起"可预防的不良事件"，如用药错误和发生医院内感染（Yong and Olsen，2010，第17页）。

3. Kelley and Fabius（2010）.

4. Traynor（2004）.

5. 在这5 331个用药错误中，有2 067个是C类错误（已触及患者但不会造成伤害的错误），832个是D类错误（已触及患者并需要监控以确认没有造成伤害，不需要干预），14例会对患者造成严重伤害。

6. 最近的一项研究表明，护士每天要步行5英里，其中大部分是为了处理非临床问题，如到护理站接听电话（Welton et al.，2006）。

瓦萨兄弟医疗中心的新型互联网语音协议通信系统还减少了护士等待医生回复的时间。这也可以节约大量的时间，因为瓦萨兄弟医疗中心的护士平均每天都要用大约50分钟的时间通过电话与医生沟通。

7. 本节的讨论基于一个IBM（2017b）案例研究。

8. Bendavid and Adams（2009）.

9. 本节的结果基于基欧的一篇文章（Kehoe，2007），他描述了瓦萨兄弟医疗中心的静脉注射泵实时跟踪项目。

10. 在医院中，大约56%可预防的用药错误可以归因于医生在开处方时出现的错误，另外34%可以归因于护士在用药时的错误。科室秘书犯的错误占到了用药错误的6%，另外4%的错误则可以归咎于药房工作人员（Kimmel and Sensmeier，2002）。

11. 关于未经质量调整的生产率提高和经质量调整的生产率提高，请参阅第六章。

12. 六西格玛方法是在20世纪80年代由摩托罗拉公司首创的，当时是用来消除商业和制造过程中的缺陷。随后，这种方法从制造业传播开来，被许多其他行业广泛采用。

除了使用六西格玛方法，塔夫茨医疗中心还借鉴了商业航空公司的"机组人员资源管理"技术，以培养员工之间的沟通技巧。作为该计划的一部分，企业要确立明确的安全标准，如果发现严重问题，每个员工都有权"停止生产线的运转"。在塔夫茨医疗中心高风险领域工作的员工（例如，移动重症监护、外科和介入放射学）都接受过使用对照清单来维持安全标准的培训，并在发现问题时停止所有程序。

13. Centers for Disease Control and Prevention（2010a）.

14. Klevens et al.（2007）.

15. 在21世纪头10年中期，在重症监护病房中，中心静脉导管感染率估计为每1 000个导管中有5.3例感染，相关死亡率为85%，也就是说每年有14 000个相关的死亡病例（Levinson，2008）。美国疾病控制与预防中心（2005）还估计，在美国的医院，每年有25万例与中心静脉导管相关的血流感染病例发生，其中12%（3万例）的感染导致死亡。根据美国疾病控制与预防中心的数据，每一次中心静脉导管感染的边际成本约为2.5万美元。

16. 21世纪头10年中期，塔夫茨医疗中心组建了一个由40多名专家组成的团队，研究并提出关于如何降低中心静脉导管感染率的建议。这个团队由塔夫茨医疗中心的医生和护士以及传染病预防方面的专家组成。他们研究了相关文献以确定最优医疗操作方法，并结合他们对塔夫茨医疗中心工作环境的了解，开发出了在塔夫茨患者身上插入中心静脉导管的新程序。不幸的是，这些新措施并没有降低医院的总体感染率。

17. 金和罗森伯格（Kim and Rosenberg，2011）在他们最近关于减少血培养污染的社论中特别详细地描述了这一艰巨挑战，他们在该文中指出，"没有任何单一的干预措施能够解决血培养污染的问题，但是对过程中的每一步都更加细致入微的关注可以将污染降低到可以接受的水平"（第203页）。

18. 医院内尿路感染是最常见的与医疗相关的感染；据估计，2002年美国发生了50万例医院内尿路感染病例，与之相关的死亡病例有13 000例（Klevens et al.，2007）。此外，跌倒是65岁及以上人口因为受伤而死亡的主要原因（CDC，2010b）。根据医疗保健研究和质量机构（2008）的统计，2006年美国有超过50万人因褥疮住院，自1993年以来增长了近80%。

第十一章　是的，我们可以削减医疗保健成本，即便我们不能压低其增长率

1. Baumol（1993）.

2. 购买和使用新设备的医生可能会在有意无意间忍不住过度使用它们（即使用它们的时间超过了覆盖设备成本需要使用的时间）。正如我们在本章中将会看到的，更多的医疗保健往往是更差的医疗保健，过度使用昂贵的新医疗技术也不例外。

3. 除了降低心脏病患者的总体护理成本，冠状动脉护理单元还显著改善了患者的预后。例如，在纽约市的一家专科医院里，美国心脏病患者的住院总死亡率从引入专门的冠状动脉护理单元之前1954年的47%（Malach and Rosenberg，1958），下降到了1967年引入冠状动脉护理单元对患者进行持续监测之后的22%（Killip and Kimball，1967）。而且从那时起，美国心脏病患者的住院总死亡率持续下降。截至2002年，这一死亡率已下降到了大约10%。目前的死亡率估计在5%~10%之间（Ting et al.，2007；Ford et al.，2007；Malach and Imperato，2006）。

4. Schneeweiss et al.（2008）；Shaw et al.（2008）.

5. Yu et al.（2009）.

6. Meier（2009）.

7. 事实上，即便是FDA的上市前审批过程也经常被指责为存在僵化和易受偏见影响的缺点（Dhruva、Bero and Redberg，2009）。例如，尽管抗糖尿病药物罗格列酮获得了FDA的批准，但是最近发现它会增加患者心脏病发作的风险（Bakalar，2010）。这就提出了FDA药品审批过程的质量和安全性问题，以及制药公司可能对它施加影响的风险。

此外，关于经济学领域中由于粗心的统计推理而造成广泛误解的一个有启发和有趣的概述，请参阅《魔鬼经济学》（Levitt and Dubner，2005）。

8. 例如，尽管我们知道潮湿的街道与降雨有关，但是这并不意味着仅凭

潮湿的街道地面就可以证明一直在下雨。在医学研究领域，关于因果关系的类似错误结论可能导致在无效甚至有害的医疗上花费大量不必要的支出。

9．顺便说一句，药物有效性和审查项目（Hoadley et al., 2006）比较了新药和老药的安全性和有效性，发现新药并不总是比老药疗效更好，尽管它们几乎总是更贵。

10．Oken（2008）.

11．Stewart et al.（2007）.

12．Stampfer et al.（1985）.

13．Rossouw et al.（2002）.

14．Cardwell et al.（2010）.

15．Favus（2010）.

16．Brownlee（2007）.

17．Parker et al.（2009）.

18．Menacker and Hamilton（2010）.

19．美国妇产科学会（American College of Obstetrics and Gynecology）发布的新指南提出了一种减少剖宫产分娩术的方法。尽管有风险，对于因之前做过剖宫产手术而出现阴道分娩引起的子宫破裂和其他并发症，美国妇产科学会的指南建议医生还是首先尝试阴道分娩，将剖宫产作为唯一的紧急选择。

20．同样值得注意的是，据报道，导管原位癌在所有病例中有7%~20%被误诊（Saul, 2010）。因此，即便是侵入性更低的四边形切除手术也可能是完全没有必要的。

21．Bogdanich（2010）.

22．Patel et al.（2010）.

23．这种分析不仅适用于接受CT血管造影术的患者，而且适用于所有接受任何医学成像程序的患者。例如，尽管在美国，人均磁共振成像（MRI）的使用频率是加拿大的3倍，而且花费巨大，但是没有证据表明在美国可以获得更好的诊断结果（Fuchs, 2009）。这也就意味着，这种过度使用是对医疗保健资源的一种浪费（Emanuel and Fuchs, 2008）。类似地，美国的医疗保险和医疗补助服务中心（Centers for Medicare and Medicaid Services）也曾宣称，没有足够的证据表明CT结肠镜在诊断结肠癌方面比结肠镜检查更有效（Knudsen et al., 2010），后者明显更加便宜，而且没有辐射暴露的风险。

24. 美国放射学基金会委员会（American Board of Radiology Foundation）已经制定了新的指导方针，旨在抑制各种形式的医学成像的过度使用（Hendee et al., 2010）。

25. Fazel et al.（2009）.

26. Taylor et al.（2009）.

27. 然而，大剂量烟酸也会带来相当讨厌的副作用，因为它有血管扩张作用，会导致不舒服的潮热和皮肤潮红。

28. Lee et al.（2009）.

29. Ginsberg and Cushman（2010）；Ernst and Moser（2009）.

30. Ray et al.（2009）.

31. Dayo et al.（2010）；Canagee（2010）.

32. Lifton（2010）.

33. 表观基因组位于每个基因外侧顶部，作用是促进或抑制特定基因的表达。饥饿或暴食等环境因素会导致表观基因组增强或抑制母系或父系遗传物质中的某一特定基因，从而将一种新性状传递给下一代。这可以解释一些基因之谜，比如为什么同卵双胞胎中只有一个会患哮喘或躁郁症（Cloud, 2010）。

34. Voora et al.（2009）.

35. 在某些情况下，低剂量的他汀类药物（辛伐他汀）可能会消除骨骼肌疼痛综合征。加入COQ10也可以缓解这种情况。

36. Damani and Topol（2007）.

37. National Cancer Institute（2009）.

38. Markowitz and Bertagnolli（2009）.

39. McPherson（2010）.

40. London et al.（2007）。

41. 事实上，类似这样的尝试已经有很多了。最近一项关于BRCA1和BRCA2突变女性的研究报告称，那些切除了乳房或卵巢以预防乳腺癌或卵巢癌的女性患癌症的概率更低，总体死亡率也更低（Domchek et al., 2010）。无论如何，重要的是要注意到，这还不是一种标准的治疗方法。

42. Seshadri et al.（2010）。

43. Daviglus et al.（2010）。

44. American College of Obstetricians and Gynecologists（2010）。

45. Feldman et al.（2011）。

46. Partnership for Prevention（2007）。

47. Hochman et al.（2006）；Boden et al.（2009）。

48. 当心脏病发作时，心脏会自动改变血液流向心脏中其他未阻塞血管的路线，而在正常情况下这些血管通常不会用于主要的血液供应。

49. Stone et al.（2010）；Boden（2010）。

50. Talajic et al.（2010）。然而，接受心率控制的患者仍然存在因持续性心房颤动而出现血栓的危险。这种风险必须通过使用抗凝血药物来减轻。因为抗凝剂可能导致严重出血或中风，所以服用这些药物的患者需要密切监测。

51. Mayo Clinic（2010）。

52. Van Gelder et al（2010）。

53. 植入型心律转复除颤器可以监测患者的心律，并在出现异常时自动恢复正常心律。

54. Varma et al.（2010）。

55. Andriole et al.（2010）；Shao et al.（2010）。

56. Singer（2009）。

57. Partnership for Prevention（2007）。

58. Califf et al.（2010）。

59. Centers for Disease Control and Prevention（2009）。

60. Pollak（2010）.

61. Ridker et al.（2008）.

62. Downs et al.（1998）.

63. 事实上，在《美国心脏病学杂志》(*American Journal of Cardiology*) 上发表的一篇文章以半开玩笑的语气提出了一个新概念："麦克斯他汀"（Macstatin）。具体建议是，和番茄酱一起，向餐馆食客分发一种标准的降胆固醇药物，用于配炸薯条和汉堡，以中和快餐的高胆固醇含量（Ferenczi et al., 2010）。

64. Blumenthal and Michos（2009）；Rodés-Cabau et al.（2009）.

65. 高密度脂蛋白胆固醇水平的升高往往会降低低密度脂蛋白胆固醇的水平。

66. Taylor et al.（2009）.

67. Tsimikas（2009）.

68. Blumenthal and Michos（2009）；Rodés-Cabau et al.（2009）；Amarenco and Labreuche（2009）.

69. Ernst and Moser（2009）；Kostis（2007）.

70. Hubbard（2010）.

71. Flossman and Rothwell（2007）.

72. Mattle, Meier and Nedelichav（2010）；Kronzon and Ruiz（2010）.

73. Malach and Imperato（2004）.

74. Parekh and Barton（2010）.

75. Prodanovich et al.（2009）.

76. Freudenheim（2010）.

77. Wilson（2010）.

78. Stetka（2010）.

79. Poon, Keohane and Yoon（2010）.

80. 特别是，美国没有解决好肥胖问题。美国有 7 250 万成年人肥胖，超过26%的人报告自己肥胖（尽管真实比例几乎肯定更高），导致医疗费用大幅增加（CDC，2010c）。多种严重且代价高昂的健康问题，如糖尿病、心脏病、高胆固醇、高血压和中风，在肥胖者中明显更为常见（Bhattacharya and Sood，2004）。仅在2006年，与肥胖相关的医疗费用估计就达1 470亿美元，治疗一个肥胖者的平均年费用要比治疗一个正常体重者的费用高出近1 500美元（CDC，2010c）。

81. DeVol and Bedroussian（2007）.

82. Redman et al.（2010）.

83. Pletcher et al.（2010）；Berenson and Srinivasan（2010）.

84. Mitrou et al.（2007）；Feart, Samieri and Barberger-Gateau（2010）；Büchner et al.（2010）.

85. Albanese et al.（2009）.

86. Shu et al.（2009）.

87. Yan and Spitznagel（2009）.

88. Smith-Spangler et al.（2010）.

89. Kay et al.（2010）.

90. Janszky et al.（2009）.

91. Buijsse et al.（2010）；Mostofsky et al.（2010）.

92. Bertelli and Das（2009）.研究人员发现，去乙酰化酶还能减少小鼠的肺癌、结肠癌、2型糖尿病、心血管疾病和阿尔茨海默病的发病率。

93. Barnard and Colón-Emeric（2010）；Kennel, Drake and Hurley（2010）.

94. Centers for Disease Control and Prevention（2008）.

95. Stueve and O'Donnell（2007）.

96. Gerber et al.（2009）.

97. Kokkinos et al.（2010）；Kelly（2010）.

98. Saihara et al.（2010）.

99. Manini et al.（2006）.

100．Rodwin, Chang and Clausen（2006）．防御性治疗（即医生为了避免医疗诉讼而要求病人进行各种不必要的检查或接受不必要的治疗）的费用通常被认为占到了美国所有医疗费用的25%以上。（不过无论如何，这些成本是不可能准确量化的。）

此外还必须指出的是，病人对不必要的检查或治疗的要求也可能导致防御性治疗的日益盛行。不必要的医疗护理不仅对病人是危险的，而且还大大增加了医疗费用。

101．这还不包括适应症外处方（off-label prescription），这可能会导致不少问题，因为容易被斥责为医疗差错。

102．近几十年来，在美国就读医学院的实际费用在私立学校平均增加了50%，在公立学校平均增加了150%（Jolly, 2004）。因此，医学院毕业生的平均债务大幅增加。2008年，根据美国医学院协会的调查结果，医学院毕业生的平均债务负担接近14.2万美元，接近20%的受访学生称，自己的教育贷款总额达到了20万美元或更多（Harris, 2008）。在美国，与医学教育相关的巨额债务（而且一直在稳步增长）常常会要求医生们设法获得可观的收入，以偿还学生贷款。这导致许多新医生进入收入较高的医学子专业。

103．在大多数教学医院里，实习医生和住院医生的工资由联邦政府另行规定。

104．关于莉比·锡安一案的更多细节，请参见勒纳（Lerner, 2006）。关于随后的医学教育改革的分析，请参见莱恩等人的研究（Laine et al., 1993）。

105．Beckman（2010）。

106．医院现在正在培训和雇用他们自己的内部医生，被称为"院派医生"，他们会为住院患者提供日常护理，并在患者住院期间实际上充当了他们的私人医生。

107．*Annals of Internal Medicine*（2010）的编辑们。

108. Braunwald（2009）.

109. Okie（2010）.

110. Cohen, Neumann and Weinstein（2008）; Phillips and Andrieni（2007）; Horowitz（2008）.

111. Wilson et al.（2009）.

112. Berg et al.（2009）.

113. Berwick（2009）.

114. Reinhardt（2007）.

参考文献

Abel-Smith, B. 1967. *An International Study of Health Expenditure.* Public Health Papers No. 32. Geneva: World Health Organization.

———. 1991. Financing health for all. *World Health Forum* 12: 191–200.

Agency for Healthcare Research and Quality. 2008. Pressure ulcers increasing among hospital patients. *AHRQ News and Numbers*, December 3, 2008. http://www.ahrq.gov/news/nn/nn120308.htm.

Albanese, E., A. D. Dangour, R. Uauy, et al. 2009. Dietary fish and meat intake and dementia in Latin America, China, and India: A 10/66 Dementia Research Group population-based study. *American Journal of Clinical Nutrition* 90:392–400.

Alkalay, A., C. Almond, J. Bloom, et al. 2007. *Supporting innovators and early adopters: A technology adoption program cookbook.* IBM Redbooks. Poughkeepsie, N.Y.: IBM International Technical Support Organization. http://www.redbooks.ibm.com/redpapers/pdfs/redp4374.pdf.

Amarenco, P., and J. Labreuche. 2009. Lipid management in the prevention of stroke: Review and updated meta-analysis of statins for stroke prevention. *Lancet* 8:453–463.

American College of Obstetricians and Gynecologists. 2010. Committee opinion: Human papillomavirus vaccination. *Journal of Obstetrics and Gynecology* 116:800–803.

Anderson, E., ed. and trans. 1990. *The letters of Mozart and his family*. New York: Norton.

Anderson, G., and K. Chalkidou. 2008. Spending on medical care: More is better? *Journal of the American Medical Association* 299:2444–2445.

Andriole, G. L., D. G. Bostwick, O. W. Brawley, et al. 2010. Effect of dutasteride on the risk of prostate cancer. *New England Journal of Medicine* 362:1192–1202.

Anstett, P. 2009. Canadians visit U.S. to get health care. *Detroit Free Press*, August 20, 2009. http://freep.com/article/20090820/BUSINESS06/908200420/1319/.

Arnold, M. 1919. The scholar-gypsy. In *The Oxford book of English verse, 1250–1900*, ed. A. T. Quiller-Couch. Oxford: Clarendon.

Aspden, P., J. Wolcott, J. Bootman, and L. Cronenwett. 2006. *Preventing medication errors*. Washington, D.C.: National Academies Press. http://books.nap.edu/openbook.php?record_id=11623.

Association of American Medical Colleges. 2008. *U.S. Medical School Applicants and Students 1982–83 to 2007–08*. http://www.aamc.org/data/facts/charts1982to2007.pdf.

Bacon, F. 1605. *The advancement of learning*. London: Macmillan, 1873.

Bakalar, N. 2010. Analysis finds slant in articles on a diabetes drug, Avandia. *New York Times*, April 13, 2010, D5.

Banister, J. 2005. Manufacturing employment in China. *Bureau of Labor Statistics Monthly Labor Review* 128, no. 7:12–13.

Barnard, K., and C. Colón-Emeric. 2010. Extraskeletal effects of vitamin D in older adults: Cardiovascular disease, mortality, mood, and cognition. *American Journal of Geriatric Pharmacotherapy* 8:4–33.

Bartlett, J. 1992. *Bartlett's familiar quotations*, 16th ed. New York: Little, Brown.

Baumol, W. 1988. Price controls for medical services and the medical needs of the nation's elderly: Parts I and II. *Connecticut Medicine* 52:485–494, 542–551.

———. 1993. Social wants and dismal science: The curious case of the climbing costs of health and teaching. *Proceedings of the American Philosophical Society* 137:612–637.

———. 2002. *The free-market innovation machine: Analyzing the growth miracle of capitalism*. Princeton, N.J.: Princeton University Press.

———. 2010. *The microtheory of innovative entrepreneurship*. Princeton, N.J.: Princeton University Press.

Baumol, W., S. Batey Blackman, and E. Wolff. 1989. *Productivity and American leadership: The long view*. Cambridge, Mass.: MIT Press.

Baumol, W., and W. Bowen. 1966. *Performing arts: The economic dilemma*. New York: Twentieth Century Fund.

Beckman, H. 2010. Three degrees of separation. *Annals of Internal Medicine* 151:890–891.

Bendavid, Y., and J. Adams. 2009. "Asset Management" in Healthcare. *RFID Radio*, October 2009, episode 018. Academia RFID Center of Excellence. http://www.rfidradio.com/?p=29.

Berenson, G., and W. Srinivasan. 2010. Cardiovascular risk in young persons: Secondary or primordial prevention. *Annals of Internal Medicine* 153:202–203.

Berg, A. O., M. A. Baird, J. R. Botkin, 2009. National Institutes of Health State-of-the-Science Conference Statement: Family history and improving health. *Annals of Internal Medicine* 151:872–877.

Bertelli, A., and D. Das. 2009. Grapes, wines, resveratrol and heart health. *Journal of Cardiovascular Pharmacology* 54:468–476.

Berwick, D. 2009. Measuring physicians' quality and performance. *Journal of the American Medical Association* 302:2485–2486.

Bhattacharya, J., and N. Sood. 2004. Health insurance, obesity, and its economic costs. In *The economics of obesity: A report on the workshop held at USDA's Economic Research Service*, 21–24. Washington, D.C.: United States Department of Agriculture. http://www.ers.usda.gov/publications/efan04004/efan04004g.pdf.

Bjelland, O., and R. Wood. 2008. An inside view of IBM's "Innovation Jam." *MIT Sloan Management Review* 50:32–40.

Bleich, S., D. Cutler, A. Adams, et al. 2007. Impact of insurance and supply of health professionals on coverage of treatment for hypertension in Mexico: Population based study. *British Medical Journal* 335:875.

Bloom, D., and D. Canning. 2000. The health and wealth of nations. *Science* 287:1207.

Blumenthal, R., and E. Michos. 2009. The HALTS trial—halting atherosclerosis or halted too early? *New England Journal of Medicine* 361:2178–2180.

Boden, W. E. 2010. Ranolazine and its anti-ischemic effects: Revisiting an old mechanistic paradigm anew? *Journal of the American College of Cardiology* 56:943–945.

Boden, W. E., R. A. O'Rourke, K. K. Teo, et al. 2009. Impact of optimal medical therapy with or without percutaneous coronary intervention on long-term cardiovascular end points in patients with stable coronary artery disease (from the COURAGE Trial). *American Journal of Cardiology* 104:1–4.

Bogdanich, W. 2010. F.D.A. toughens process for radiation equipment. *New York Times*, April 8, 2010. http://www.nytimes.com/2010/04/09/health/policy/09radiation.html.

Bradford, D. 1969. Balance on unbalanced growth. *Zeitschrift fur Nationaliikonomie* 29:291–304.

Braunwald, E. 2009. Cardiology as a profession in 2020 and beyond. *ACCEL* (American College of Cardiology) 41-11, disc 2: track 1.

Broad, W., and D. Sanger. 2006. Restraints fray and risks grow as nuclear club gains members. *New York Times*, October 15, 2006. http://www.nytimes.com/2006/10/15/world/asia/15nuke.html.

Brownlee, S. 2007. *Overtreated: Why too much medicine is making us sicker and poorer.* New York: Bloomsbury.

Büchner, F. L., H. B. Beuno-de-Mesquita, M. M. Ros, et al. 2010. Variety in fruit and vegetable consumption and the risk of lung cancer in the European prospective investigation into cancer and nutrition. *Cancer, Epidemiology, Biomarkers, and Prevention* 19:2278–2286.

Buijsse, B., C. Weikert, D. Drogan, et al. 2010. Chocolate consumption in relation to blood pressure and risk of cardiovascular disease in German adults. *European Heart Journal* 31:1616–1623.

Bump, J. 2010. *The long road to universal health coverage: A century of lessons for development strategy.* http://www.rockefellerfoundation.org/uploads/files/23e4426f-cc44-4d98-ae81-ffa71c38e073-jesse.pdf.

Califf, R. M., R. A. Holman, J. J. McMurray, and S. M. Haffner. 2010. The nateglinide and valsartan in impaired glucose tolerance outcome research (NAVIGATOR) trial. Special topic presentation at the 59th annual scientific session of the American College of Cardiologists, Atlanta, March 14–16, 2010.

Canagee, E. J. 2010. Increasing morbidity of elective spinal stenosis surgery. *Journal of the American Medical Association* 303:1309–1310.

Cardwell, C., C. C. Abnet, M. M. Cantwell, and L. J. Murray. 2010. Exposure to oral bisphosphonates and risk of esophageal cancer. *Journal of the American Medical Association* 304:657–663.

Carroll, L. 1902. *Through the looking glass.* New York: Harper and Brothers.

Catlin, A., C. Cowan, M. Hartman, S. Heffler, National Health Expenditure Accounts Team. 2008. National health spending in 2006: A year of change for prescription drugs. *Health Affairs* 27:14–29.

Catone, J. 2007. Crowdsourcing: A million heads is better than one. *ReadWriteWeb*, March 22. http://www.readwriteweb.com/archives/crowdsourcing_million_heads.php.

Centers for Disease Control and Prevention. 2005. Reduction in central line-associated bloodstream infections among patients in intensive care units: Pennsylvania, April 2001–March 2005. *Morbidity and Mortality Weekly Report* 54:1013–1016.

———. 2008. Figure 8.1: Prevalence of Current Smoking among Adults Aged 18 Years and Over: United States, 1997–June 2008. *January-June 2008 National Health Interview Survey.* http://www.cdc.gov/nchs/data/nhis/earlyrelease/200812_08.pdf.

———. 2009. Number (in millions) of civilian/noninstitutionalized persons with diagnosed diabetes, United States, 1980–2007. *Diabetes Data and Trends.* http://www.cdc.gov/diabetes/statistics/prev/national/figpersons.htm.

———. 2010a. *Healthcare-associated infections: The burden.* http://www.cdc.gov/HAI/burden.html.

———. 2010b. Leading causes of death reports, 1999–2007. National Center for Injury Prevention and Control Web-Based Injury Statistics Query and Reporting System. http://webappa.cdc.gov/sasweb/ncipc/leadcaus10.html.

———. 2010c. Vital signs: State-specific obesity prevalence among adults—United States, 2009. *Morbidity and Mortality Weekly Report* 59. http://www.cdc.gov/mmwr/pdf/wk/mm59e0803.pdf.

Chernew, M., R. Hirth, and D. Cutler. 2009. Increased spending on health care: Long-term implications for the nation: projections show ever more personal income and economic resources shifting to health care. *Health Affairs* (Millwood) 28:1253–1255.

Chernichovsky, D., and S. Markowitz. 2004. Aging and aggregate costs of medical care: Conceptual and policy issues. *Health Economics* 13:543–562.

Chow, A., B. Goodman, J. Rooney, and C. Wyble. 2007. Engaging a corporate community to manage technology and embrace innovation. *IBM Systems Journal* 46, no. 4. http://www.research.ibm.com/journal/sj/464/chow.html.

Cloud, J. 2010. Why your DNA isn't your destiny. *Time* 175:49–53.

Cohen, J., P. Neumann, and M. Weinstein. 2008. Does preventive care save money? Health economics and the presidential candidates. *New England Journal of Medicine* 358:661–663.

Collier, P. 2007. *The bottom billion: Why the poorest countries are failing and what can be done about it.* Oxford: Oxford University Press.

Commission on Growth and Development. 2008. *The growth report: Strategies for sustained growth and inclusive development.* http://cgd.s3.amazonaws.com/GrowthReportComplete.pdf.

Confederation of Indian Industry. 2007. *Innovate India: National innovation mission.* New Delhi: Confederation of Indian Industry and the India Development Foundation. http://business.outlookindia.com/pdf/InnovateIndiaReportl.pdf.

Constant, A., S. Petersen, C. Mallory, and J. Major. 2011. *Research synthesis on cost drivers in the health sector and proposed policy options.* Ottawa: Canadian Health Services Research Foundation.

Cox, W. M., and R. Alm. 1997. Time well spent: The declining *real* cost of living in America. In *Time Well Spent: 1997 Annual Report*, 5–17. Dallas: Federal Reserve Bank of Dallas. http://dallasfed.org/fed/annual/1999p/ar97.pdf.

Damani, S., and E. Topol. 2007. Future use of genomics in coronary artery disease. *Journal of American College of Cardiology* 50:1933–1940.

Darwin, F., and A. Seward, eds. 1903. Letter 752, to A. Stephen Wilson, Down, March 5, 1879. In *More letters of Charles Darwin.* Vol. 2. London: John Murray.

Daviglus, M., C. C. Bell, W. Berrettini, et al. 2010. National Institutes of Health State of the Science Conference Statement: Preventing Alzheimer's disease and cognitive decline. *Annals of Internal Medicine* 153:176–181.

Dayo, R. A., S. K. Mirza, B. I. Martin, et al. 2010. Trends, major medical complications associated with surgery for lumbar spinal stenosis in older adults. *Journal of the American Medical Association* 303:1259–1265.

Devi, S. 2010. U.S. plans to boost number of medical schools. *Lancet* 375:792–793.

DeVol, R., and A. Bedroussian. 2007. *An unhealthy America: The economic burden of chronic disease—charting a new course to save lives and increase productivity and economic growth.* Santa Monica, Calif.: Milken Institute.

Dhruva, S., L. Bero, and R. Redberg. 2009. Strength of study evidence examined by the FDA in premarket approval of cardiovascular devices. *Journal of the American Medical Association* 302:2679–2685.

Domcheck, S., T. M. Friebel, C. F. Singer, et al. 2010. Association of risk-reducing surgery in BRCA1 or BRCA2 mutation carriers with cancer risk and mortality. *Journal of the American Medical Association* 304:967–975.

Downs, J. R., M. Clearfield, S. Weis, et al. 1998. Primary prevention of acute coronary events with lovastatin in men and women with average cholesterol levels: Results of AFCAPS/TexCAPS (Air Force/Texas Coronary Atherosclerosis Prevention Study). *Journal of the American Medical Association* 279:1615–1622.

Editorial opinion: Bridgeport goes bankrupt. 1991. *Washington Post*, June 11, 1991, A20.

Editors of the *Annals of Internal Medicine*. 2010. Frustrations with hospitalist care: Need to improve transitions and communication. *Annals of Internal Medicine* 152:469.

Emanuel, E., and V. Fuchs. 2008. The perfect storm of overutilization. *Journal of the American Medical Association* 299:2789–2791.

Emerson, R. 1914. Uses of great men. In *The Oxford book of American essays*, ed. B. Matthews, no. ix. New York: Oxford University Press.

Ernst, M., and M. Moser. 2009. Use of diuretics in patients with hypertension. *New England Journal of Medicine* 361:2153–2164.

Escobar M., C. Griffin, and R. Shaw, eds. 2011. *The impact of health insurance on low- and middle-income countries.* Washington, D.C.: Brookings Institution Press.

Fagan, B. 2001. *The little ice age: How climate made history, 1300–1850.* New York: Basic Books.

Favus, M. 2010. Bisphosphonates for osteoporosis. *New England Journal of Medicine* 363:2027–2035.

Fazel, R., H. M. Krumholz, Y. Wang, et al. 2009. Exposure to low-dose ionizing radiation from medical imaging procedures. *New England Journal of Medicine* 361:849–857.

Feart, C., L. Samieri, and P. Barberger-Gateau. 2010. Mediterranean diet and cognitive function in older adults. *Clinical Nutrition and Metabolic Care* 13:14–18.

Federal Reserve Bank of Dallas. 1997. *Time Well Spent: 1997 Annual Report.* Dallas: Federal Reserve Bank of Dallas. http://dallasfed.org/fed/annual/1999p/ar97.pdf.

Feldman, T., E. Foster, D. D. Glower, et al. 2011. Percutaneous repair or surgery for mitral regurgitation. *New England Journal of Medicine* 364:1395–1406.

Ferenczi, E., P. Asaria, A. D. Hughes, et al. 2010. Can a statin neutralize the cardiovascular risk of unhealthy dietary choices? *American Journal of Cardiology* 106:587–592.

Flanagan, R. 2012. *The perilous life of symphony orchestras.* New Haven, Conn.: Yale University Press.

Flossmann, E., and P. Rothwell. 2007. Effect of aspirin on long-term risk of colorectal cancer: Consistent evidence from randomized and observational studies (British Doctors Aspirin Trial and the UK-TIA Aspirin Trial). *Lancet* 369:1603–1613.

Food and Agriculture Organization of the United Nations. 2006. FAOSTAT Online Statistical Service. Rome: Food and Agriculture Organization. http://faostat.fao.org.

Ford, E. S., U. A. Ajani, J. B. Croft, et al. 2007. Explaining the decrease in U.S. deaths from coronary disease, 1980–2000. *New England Journal of Medicine* 356:2388–2398.

Foubister, T., S. Thomson, E. Mossialos, and A. McGuire. 2006. *Private Medical Insurance in the United Kingdom.* Copenhagen: World Health Organization and European Observatory on Health Systems and Policies.

Fowler, F., P. Gallagher, D. Anthony, et al. 2008. Relationship between regional per capita medicare expenditures and patient perceptions of quality of care. *Journal of the American Medical Association* 299:2406–2412.

Frenk, J., E. González-Pier, O. Gómez-Dantés, et al. 2006. Health system reform in Mexico 1: Comprehensive reform to improve health system performance in Mexico. *Lancet* 368:1524–1534.

Freudenheim, M. 2010. The new landscape: Preparing more care of elderly. *New York Times*, June 28, 2010. http://www.nytimes.com/2010/06/29/health/29geri.html.

Fries, J. 1980. Aging, natural death, and the compression of morbidity. *New England Journal of Medicine* 303:130–135.

Fuchs, V. 2009. Eliminating "waste" in health care. *Journal of the American Medical Association* 302:2481–2482.

Garrett, L., M. Chowdhury, and A. Pablos-Méndez. 2009. All for universal health coverage. *Lancet* 374:1294–1299.

Gerber, Y., L. J. Rosen, U. Goldbourt, et al. 2009. Smoking status and long-term survival after first acute myocardial infarction. *Journal of the American College of Cardiology* 54:2382–2387.

Ginsberg, H., and N. Cushman. 2010. Effects of combination lipid therapy on cardiovascular events in type 2 diabetes mellitus; Effects of intensive blood pressure control on cardiovascular events in type 2 diabetes mellitus: The Action to Control Cardiovascular Risk in Diabetes (ACCORD) blood pressure trial. Special topic presentation at the 59th annual scientific session of the American College of Cardiologists, Atlanta, March 14–16, 2010.

Global Dialogue Center. 2006. Habitat Jam Exhibit. Global Dialogue Center Knowledge Gallery. http://www.globaldialoguecenter.com/exhibits/backbone/index.shtml.

Gottret, P., G. Schieber, and H. Waters, eds. 2008. *Good practices in health financing: Lessons from reforms in low- and middle-income countries.* Washington, D.C.: World Bank.

Gurría, A. 2009. Secretary-General speech for the launch of the Economic Outlook No. 86. November 19, 2009. Paris: Organisation for Economic Co-operation and Development. http://www.oecd.org/document/33/0,3343,en_2649_34109_44096033_1_1_1_1,00.html.

Halfhill, T. 2006. Ambric's new parallel processor. *Microprocessor Report,* October 10. http://www.ambric.info/pdf/MPR_Ambric_Article_10-06_204101.pdf.

Harris, S. 2008. Graduates report higher debt, primary care interest. *AAMC Reporter,* December. https://www.aamc.org/newsroom/reporter/dec08/78966/dec08_graduates.html.

Hartman, M., A. Catlin, D. Lassman, et al. 2008. U.S. health spending by age, selected years through 2004. *Health Affairs* 27:w1–w12.

Hartwig, J. 2008. What drives health care expenditure? Baumol's model of "unbalanced growth" revisited. *Journal of Health Economics* 27:603–623.

Hawke, C. 2005. Canadian health care in crisis. *CBS News,* March 20, 2005. http://www.cbsnews.com/stories/2005/03/20/health/main681801.shtml.

Healthcare Cost and Utilization Project. 2007. *Healthcare cost and utilization project facts and figures: Statistics on hospital-based care in the United States, 2007.* Rockville, Md.: Agency for Healthcare Research and Quality.

HealthGrades. 2004. *Patient safety in American hospitals.* Denver, Colo.: HealthGrades. http://www.healthgrades.com/media/english/pdf/HG_Patient_Safety_Study_Final.pdf.

Hendee, W R., G. J. Becker, J. P. Borgstede, et al. 2010. Addressing overutilization in medical imaging. *Radiology* 257:240–245.

Himmelstein, D. U., E. Warren, E. Thorne, and S. Woolhandler. 2005. Illness and injury as contributors to bankruptcy. *Health Affairs*, February 2. http://content.healthaffairs.org/cgi/reprint/hlthaff.w5.63v1.

Hjortsberg, C. 2001. *National health accounts: Where are we today?* Stockholm: Swedish International Development Cooperation Agency. http://www.who.int/nha/docs/en/NHA_where_are_we_today.pdf.

Hoadley, J., J. Crowley, D. Bergman, and N. Kaye. 2006. *Understanding key features of the Drug Effectiveness Review Project (DERP) and lessons for state policy makers*. Portland, Maine: National Academy for State Health Policy. http://www.nashp.org/sites/default/files/medicaid_DERP.pdf.

Hochman, J., G. A. Lamas, C. E. Buller, et al. 2006. Coronary intervention for persistent occlusion after myocardial infarction (Occluded Artery Trial). *New England Journal of Medicine* 355:2395–2407.

Horn, F. 2002. Les paradoxes de la productivité dans la production des logiciels. In *Nouvelle économie des services et innovation*, ed. F. Djellal and F. Gallouj, 69–99. Paris: L'Harmattan.

Horowitz, H. 2008. The interpreter of facts. *Journal of the American Medical Association* 299:497–498.

Hsiao, W., and P. Heller. 2007. *What should macroeconomists know about health care policy? A primer.* IMF Working Paper WP/07/13. Washington, D.C.: International Monetary Fund.

Hu, S., C. Tang, Y. Liu, et al. 2008. Reform of how health care is paid for in China: Challenges and opportunities. *Lancet* 372:1846–1853.

Hubbard, S. 2010. Statins reduce gall stone risk. *Newsmax*, February 22.

Hughes, B., R. Kuhn, C. Mosca Peterson, et al. 2011. *Patterns of potential human progress: Improving global health: Forecasting the next 50 years*. Vol. 3. Boulder, Colo.: Paradigm.

IBM Corporation. 2005. HabitatJam. http://www.ibm.com/ibm/ideasfromibm/us/government/apr10/habitatjam.html.

———. 2006. InnovationJam. January 2006. http://www-03.ibm.com/press/us/en/pressrelease/20605.wss.

———. 2007a. The changing role of the CIO: From technology manager to chief innovator. http://www.ibm.com/ibm/ideasfromibm/us/cio/081307/index1.shtml.

———. 2007b. Vassar Brothers Medical Center adapts to healthcare challenges through mobile processes. February 20. ftp://ftp.software.ibm.com/software/solutions/pdfs/ODC00283-USEN-00.pdf.

———. 2010. Smarter farming: California's Sun World transforms produce business with IBM Technology. July 21. http://www-03.ibm.com/press/us/en/pressrelease/32159.wss.

Immerwahr, J., and J. Johnson. 2009. *Squeeze play 2009: The public's views on college costs today.* San Jose, Calif.: National Center for Public Policy and Higher Education. http://www.highereducation.org/reports/squeeze_play_09/index.shtml.

International Labor Organization, Social Security Department. 2008. *Paper 1—Social health protection: An ILO strategy towards universal access to health care.* Geneva: International Labor Organization. http://www.ilo.org/public/english/protection/secsoc/downloads/policy/policy1e.pdf.

International Monetary Fund. 2008. World Economic Outlook Database. http://www.imf.org/external/pubs/ft/weo/2008/01/weodata/index.aspx.

International Monetary Fund, and International Development Association. 2008. *Ghana: Joint IMF and World Bank debt sustainability analysis.* http://www.imf.org/external/pubs/ft/dsa/pdf/dsacr08344.pdf.

Janszky, I., K. J. Mukamal, R. Ljung, et al. 2009. Chocolate consumption and mortality following a first acute myocardial infarction: The Stockholm Heart Epidemiology Program. *Journal of International Medicine* 266:248–257.

Joint Learning Network for Universal Health Coverage. 2011. *Ghana: National health insurance scheme.* http://www.jointlearning network.org/content/national-health-insurance-scheme-nhis.

Jolly, P. 2004. Medical school tuition and young physician indebtedness. Washington, D.C.: Association of American Medical Colleges. https://services.aamc.org/publications/showfile.cfm?file=version21.pdf&prd_id=102&prv_id=113&pdf_id=21.

Kahaner, L. 2008. *AK-47: The weapon that changed the face of war.* Hoboken, N.J.: John Wiley and Sons.

Katz, S., K. Cardiff, M. Pascali, et al. 2002. Phantoms in the snow: Canadians' use of health care services in the United States. *Health Affairs* 21, no. 3:19–31.

Kay, C. D., S. K. Gebauer, S. G. West, and P. M. Kris-Etherton. 2010. Pistachios increase serum antioxidants and lower serum oxidized-LDL in hypercholesterolemic adults. *Journal of Nutrition* 140:1093–1098.

Kehoe, B. 2007. Tracking IV pumps in real time. *Materials Management in Health Care* 16, no. 7:20–24.

Kelley, B., and R. Fabius. 2010. *A path to eliminating $3.6 trillion in wasteful healthcare spending.* Thomson Reuters White Paper. http://factsforhealthcare.com/reduce/.

Kelly, R. 2010. Diet and exercise in the management of hyperlipidemia. *American Family Physician* 81:1097–1102.

Kennel, K., M. Drake, and D. Hurley. 2010. Vitamin D deficiency in adults: When to test and how to treat. *Mayo Clinic Proceedings* 85:752–758.

Killip, T., and J. Kimball. 1967. Treatment of myocardial infarction in a coronary care unit: A two-year experience with 250 patients. *American Journal of Cardiology* 20:457–464.

Kim, J., and E. Rosenberg. 2011. The sum of the parts is greater than the whole: Reducing blood culture contamination. *Annals of Internal Medicine* 154:202–203.

Kimmel, K. C., and J. Sensmeier. 2002. *A technological approach to enhancing patient safety.* Healthcare Information and Management Systems Society White Paper. http://www.himss.org/content/files/whitepapers/patient_safety.pdf.

King, M. L., Jr. 1986. I see the promised land. In *A testament of hope: The essential writings and speeches of Martin Luther King Jr.*, ed. J. Washington, 279–286. New York: HarperCollins.

Kleiman, E. 1974. The determinants of national outlay on health. In *The economics of health and medical care*, ed. M. Perlman, 66–81. London: Macmillan.

Klevens, R. M., J. R. Edwards, C. L. Richards Jr., et al. 2007. Estimating health care-associated infections and deaths in U.S. hospitals, 2002. *Public Health Reports* 122:160–166.

Knox, R. 2010. The fading art of the physical exam. *NPR Morning Edition*, September 20. http://www.npr.org/templates/story/story.php?storyId=129931999.

Knudsen, A. B., I. Lansdorp-Vogelaar, C. M. Rutter, et al. 2010. Cost-effectiveness of computed tomographic colonography screening for colorectal cancer in the Medicare population. *Journal of the National Cancer Institute* 102:1238–1252.

Kohn, L., J. Corrigan, and M. Donaldson, eds. 2000. *To err is human: Building a safer health system.* Washington, D.C.: National Academies Press.

Kokkinos, P., J. Myers, C. Faselis, et al. 2010. Exercise capacity and mortality in older men: A 20-year follow-up study. *Circulation* 122:790–797.

Kostis, J. 2007. A new approach to primary prevention of cardiovascular disease. *American Journal of Medicine* 120:746–747.

Krishna, A. 2010. Who became poor, who escaped poverty, and why? Developing and using a retrospective methodology in five countries. *Journal of Policy Analysis and Management* 29: 351–372.

Kronzon, I., and C. Ruiz. 2010. Diagnosing patent foramen ovale: Too little or too much. *Journal of the American College of Cardiology—Cardiovascular Imaging* 3:349–350.

Lagomarsino, G., D. de Ferranti, A. Pablos-Méndez, et al. 2009. Public stewardship of mixed health systems. *Lancet* 374:1577–1578.

Laine, C., L. Goldman, J. Soukup, et al. 1993. The impact of a regulation restricting medical house staff working hours on the quality of patient care. *Journal of the American Medical Association* 269:374–378.

Lee, J. M., M. D. Robson, L. M. Yu, et al. 2009. Effects of high-dose modified-release nicotinic acid on atherosclerosis and vascular function: A randomized, placebo-controlled, magnetic resonance imaging study. *Journal of the American College of Cardiology* 54:1795–1796.

Lerner, B. 2006. A case that shook medicine. *Washington Post*, November 28. http://www.washingtonpost.com/wp-dyn/content/article/2006/11/24/AR2006112400985.html

Levinson, D. 2008. *Adverse events in hospitals: State reporting systems.* Department of Health and Human Services, Office of Inspector General, OEI-06-07-00471. http://oig.hhs.gov/oei/reports/oei-06-07-00471.pdf.

Levitt, S., and S. Dubner. 2005. *Freakonomics.* New York: HarperCollins.

Lifton, R. 2010. Individual genomes on the horizon. *New England Journal of Medicine* 362:1235–1236.

London, B., M. Michalec, H. Mehdi, et al. 2007. Mutation in glycerol-3-phosphate dehydrogenase 1–like gene (*GPD1-L*) decreases cardiac Na^+ current and causes inherited arrhythmias. *Circulation* 116:2260–2268.

Lu, C., M. Schneider, P. Gubbins, et al. 2010. Public financing of health in developing countries: A cross-national systematic analysis. *Lancet* 375:1375–1387.

MacReady, N. 2009. Skyrocketing costs of dialysis may require difficult decisions. *Medscape Medical News,* November 9. http://www.medscape.com/viewarticle/712019.

Maddison, A. 2001. *The world economy: A millennial perspective.* Paris: Organisation for Economic Co-operation and Development.

———. 2003. Table 8C: World Per Capita GDP, 20 Countries and Regional Averages, 1–2001 AD. *The world economy: Historical statistics.* Paris: Organisation for Economic Co-operation and Development.

———. 2007. *Contours of the world economy, 1–2030 A.D.* New York: Oxford University Press.

Malach, M., and Baumol, W. J. 2009. Opportunities for the cost reduction of medical care. *Journal of Community Health* 34:255–261.

———. 2010. Further opportunities for cost reduction of medical care. *Journal of Community Health* 35:561–571.

Malach, M., and P. Imperato. 2004. Depression and acute myocardial infarction. *Preventive Cardiology* 7, no. 2:83–90.

———. 2006. Acute myocardial infarction and acute coronary syndrome: Then and now (1950–2005). *Preventive Cardiology* 9:228–234.

Malach, M., and B. Rosenberg. 1958. Acute myocardial infarction in a city hospital: Clinical review of 264 cases. *American Journal of Cardiology* 1:682–693.

Manini, T. M., J. E. Everhart, K. V. Patel, et al. 2006. Daily activity energy expenditure and mortality among older adults. *Journal of the American Medical Association* 296:171–179.

Markowitz, S., and M. Bertagnolli. 2009. Molecular basis of colorectal cancer. *New England Journal of Medicine* 361:2449–2460.

Mattle, H., B. Meier, and R. Nedelichav. 2010. Prevention of stroke in patients with patent foramen ovale. *International Journal of Stroke* 5:92–102.

Mayo Clinic. 2010. Atrial fibrillation. *Bulletin of the Mayo Clinic,* May 7. http://www.mayoclinic.com/health/atrial-fibrillation/DS00291.

McKinsey and Company. 2010. *Catalyzing change: The system reform costs of universal health coverage.* New York: Rockefeller Foundation.

McPherson, R. 2010. Chromosome 9p21 and coronary artery disease. *New England Journal of Medicine* 362:1736–1737.

Meier, B. 2009. Medtronic links device for heart to 13 deaths. *New York Times*, March 13, 2009. http://www.nytimes.com/2009/03/14/business/14device.html.

Menacker, F., and B. Hamilton. 2010. Recent trends in cesarean delivery in the United States. National Center for Health Statistics Data Brief 35. http://www.cdc.gov/nchs/data/databriefs/db35.pdf.

Mitrou, P. N., V. Kipnis, A. C. Thiébaut, et al. 2007. Mediterranean dietary pattern and prediction of all-cause mortality in a U.S. population: Results from the NIH-AARP Diet and Health Study. *Archives of Internal Medicine* 167:2461–2468.

Morgan, J., T. Ferris, and T. Lee. 2008. Options for slowing the growth of health care costs. *New England Journal of Medicine* 358:1509–1514.

Mostofsky, E., E. B. Levitan, A. Wolk, and M. A. Mittleman. 2010. Chocolate intake and incidence of heart failure: A population-based prospective study of middle-aged and elderly women. *Circulation: Heart Failure* 3:612–616.

Moynihan, D. P. 1993. *Baumol's disease: New York state and the federal FISC: XVII—fiscal year 1992.* Cambridge, Mass.: Traubman Center for State and Local Government, John F. Kennedy School of Government, Harvard University.

Murilo, C., C. Piatecki, and M. Saez. 1993. Health care expenditure and income in Europe. *Econometrics and Health Economics* 2:127–138.

Murray, C., R. Govindaraj, and P. Musgrove. 1994. National health expenditures: A global analysis. *Bulletin of the World Health Organization* 72:623–637.

Musgrove, P., R. Zeramdini, and G. Carrin. 2002. Basic patterns in national health expenditure. *Bulletin of the World Health Organization* 80:134–142.

Narayan, P. 2007. Do health expenditures catch up? Evidence from OECD countries. *Health Economics* 16:993–1008.

National Bureau of Statistics of China. 1978–2002. 4-5: Number of employed persons at year-end by sector. In *China statistical yearbook 2008*. http://www.stats.gov.cn/tjsj/ndsj/2008/indexeh.htm.

———. 2008. Table 6: Number of employed persons in units by sector. *Communiqué on Major Data of the Second National Economic Census (No. 1)*, December 25. http://www.stats.gov.cn/was40/gjtjj_en_detail.jsp?searchword=10433.1&channelid=9528&record=1.

National Cancer Institute. 2009. BRCA1 and BRCA2: Cancer risk and genetic testing. *NCI Fact Sheet*, May 29. http://www.cancer.gov/cancertopics/factsheet/Risk/BRCA.

National Center for Education Statistics. 2010. Total tuition, room and board rates charged for full-time students in degree-granting institutions, by type and control of institution: Selected years, 1980–81 to 2008–09. In *Digest of education statistics, 2009*. Washington, D.C.: U.S. Department of Education. http://nces.ed.gov/fastfacts/display.asp?id=76.

National Center for Public Policy and Higher Education. 2008. *Measuring up 2008: The national report card on higher education.* San Jose, Calif.: National Center for Public Policy and Higher Education. http://measuringup2008.highereducation.org/print/NCP-PHEMUNationalRpt.pdf.

National Heart, Lung, and Blood Institute. 2007. *Morbidity and mortality: 2007 chart book on cardiovascular, lung, and blood diseases.* Bethesda, Md.: National Institutes of Health. http://www.nhlbi.nih.gov/resources/ docs/07-chtbk.pdf.

National Practitioner Data Bank. 2006. *2006 annual report.* http://www.npdb-hipdb.hrsa.gov/pubs/stats/2006_NPDB_Annual_Report.pdf.

Newhouse, J. 1977. Medical care expenditure: A cross-national survey. *Journal of Human Resources* 12:115–125.

———. 1992. Medical care costs: How much welfare loss? *Journal of Economic Perspectives* 6:3–21.

Nordhaus, W. 2008. Baumol's diseases: A macroeconomic perspective. *B. E. Journal of Macroeconomics* 8: article 9.

North, D. 1990. *Institutions, institutional change and economic performance.* Cambridge, U.K.: Cambridge University Press.

North, D., and R. Thomas. 1973. *The rise of the Western world: A new economic history.* Cambridge, U.K.: Cambridge University Press.

Notestein, F. 1945. Population: The long view. In *Food for the world*, ed. T. Schultz, 37–57. Chicago: University of Chicago Press.

Oken, B. 2008. Placebo effects: Clinical aspects and neurobiology. *Brain* 131:2812–2823.

Okie, S. 2010. Teaching physicians the price of care. *New York Times*, May 4, 2010, D5.

Omran, A. 1971. The epidemiologic transition: A theory of the epidemiology of population change. *Milbank Memorial Fund Quarterly* 29:509–538. http://www2.goldmansachs.com/ideas/brics/book/99-dreaming.pdf.

O'Neill, J., D. Wilson, R. Purushothaman, and A. Stupnytska. 2005. *How solid are the BRICs*, Appendix 4. The Goldman Sachs Group, Global Economics Paper 134. http://www2.goldmansachs.com/hkchina/insight/research/pdf/BRICs_3_12-1-05.pdf.

Organisation for Economic Co-operation and Development. 2007. Health spending and resources. In *OECD in figures 2007*. Paris: Organisation for Economic Co-operation and Development.

———. 2009. Practising physicians: Density per 1,000 population (United States, 1993–2007). In *Health care resources.* http://stats.oecd.org.

Organisation for Economic Co-operation and Development, and Korea Policy Centre. 2009. Key findings: China. In *Society at a glance—Asia/Pacific edition.* http://www.oecd.org/dataoecd/27/43/43464649.pdf.

Original Equipment Suppliers Association. 2007. Automotive Supplier Jam. http://www.oesa.org/pdf/ASJFinalReport.pdf.

Orszag, P., and P. Ellis. 2007. The challenge of rising health costs: A view from the Congressional Budget Office. *New England Journal of Medicine* 357:1793–1795.

Oulton, N. 2001. Must the growth rate decline? Baumol's unbalanced growth revisited. *Oxford Economic Papers* 53:605–627.

Parekh, A., and Barton, M. 2010. The challenge of multiple comorbidity for the U.S. health care system. *Journal of the American Medical Association* 303:1303–1304.

Parker, W., M. S. Broder, E. Chang, et al. 2009. Ovarian conservation at the time of hysterectomy and long-term health outcomes in the Nurses' Health Study. *Obstetrics and Gynecology* 113:1027–1037.

Parson, E. 2007. The Big One: A review of Richard Posner's *Catastrophe: Risk and response. Journal of Economic Literature* 5:147–213.

Partnership for Prevention. 2007. *Preventive care: A national profile on use, disparities, and health benefits.* http://www.prevent.org/images/stories/2007/ncpp/ncpp%20preventive%20care%20report.pdf.

Patel, M., E. D. Peterson, D. Dai, et al. 2010. Low diagnostic yield of elective coronary angiography. *New England Journal of Medicine* 362:886–895.

Phillips, R., and J. Andrieni. 2007. Translational patient care: A new model for inpatient care in the twenty-first century. *Archives of Internal Medicine* 167:2025–2026.

Pigou, A. 1912. *The economics of welfare.* London: Macmillan.

Pletcher, M., K. Bibbins-Domingo, K. Liu, et al. 2010. Nonoptimal lipids commonly present in young adults and coronary calcium later in life: The CARDIA (Coronary Artery Risk Development in Young Adults) study. *Annals of Internal Medicine* 153:137–146.

Pollak, M. 2010. Metformin and other biguanides in oncology: Advancing the research agenda. *Cancer Prevention Research* 3:1060–1065.

Poon, E., C. Keohane, and C. Yoon. 2010. Effect of bar-code and electronic-medication on the safety of medication administration. *New England Journal of Medicine* 362:1698–1707.

Posner, R. 2004. *Catastrophe: Risk and response.* New York: Oxford University Press.

Prestowitz, C. 2010. *The betrayal of American prosperity.* New York: Free Press.

Prewitt, R., V. Bochkarev, C. McBride, et al. 2008. The patterns and costs of the Da Vinci Robotic Surgery System in a large academic institution. *Journal of Robotic Surgery* 2:17–20.

Prodanovich, S., R. S. Kirsner, J. D. Kravetz, et al. 2009. Association of psoriasis with coronary artery, cerebrovascular, and peripheral vascular diseases and mortality. *Archives of Dermatology* 145:700–703.

Rannan-Eliya, R. 2008. *National health accounts estimation methods: Household out-of-pocket spending in private expenditure.* Geneva: World Health Organisation/National Health Accounts Unit. http://www.who.int/nha/methods/oops_paper_ravi.pdf.

Ray, K. K., S. R. Seshasai, S. Wijesuriya, et al. 2009. Effects of intensive control of glucose on cardiovascular outcomes and in patients with diabetes mellitus. *Lancet* 373:1765–1772.

Reddy, S., V. Patel, P. Jha, et al. 2011. Towards achievement of universal health care in India by 2020: A call to action. *Lancet* 377:760–768.

Redman, J. B., A. G. Bertoni, S. Connelly, et al. 2010. Effect of the Look AHEAD study intervention on medication use and related cost to treat cardiovascular disease risk factors in individuals with type 2 diabetes. *Diabetes Care* 33:1153–1158.

Reinhardt, U. 2007. What doctors make and why. Letter to the editor. *New York Times*, August 5, 2007, 9.

Ridker, P. M., E. Danielson, F. A. Fonseca, et al. 2008. Rosuvastatin to prevent vascular events in men and women with an elevated C-reactive protein. *New England Journal of Medicine* 359:2195–2207.

Rodés-Cabau, J., J. C. Tardif, M. Cossette, et al. 2009. Acute effects of statin therapy on coronary atherosclerosis following an acute coronary syndrome. *American Journal of Cardiology* 104:750–757.

Rodwin, M., H. Chang, and J. Clausen. 2006. Malpractice premiums and physicians' income: Perceptions of a crisis conflict with empirical evidence. *Health Affairs* 25:750–758.

Rosen, W. 2010. *The most powerful idea in the world.* New York: Random House.

Rossouw, J. E., G. L. Anderson, R. L. Prentice, et al. 2002. Risks and benefits of estrogen plus progestin in healthy postmenopausal women: Principal results from the Women's Health Initiative randomized controlled trial. *Journal of the American Medical Association* 288:321–333.

Rubalcaba, L., and H. Kox. 2007. *Business services in European economic growth.* Houndmills, U.K.: Palgrave Macmillan.

Rummler, G., and A. Brache. 1995. *Improving performance: How to manage the white space in the organization chart.* San Francisco: Jossey-Bass.

Ryan, P. 1992. Unbalanced growth and fiscal restriction: Public spending on higher education in advanced economies since 1970. *Structural Change and Economic Dynamics* 3:261–288.

Saihara, K., S. Hamasaki, S. Ishida, et al. 2010. Enjoying hobbies is related to desirable cardiovascular effects. *Heart and Vessels* 25, no. 2:113–120.

Sanford, L. 2005. *Corporate culture is the key to unlocking innovation and growth.* IBM Corporate Responsibility Report: 1–2. IBM Corporation. http://www.ibm.com/ibm/environment/annual/ibm_crr_061505.pdf.

Sasaki, H. 2007. The rise of service employment and its impact on aggregate productivity growth. *Structural Change and Economic Dynamics* 18:438–459.

Satava, R. M. 2003. Biomedical, ethical, and moral issues being forced by advanced medical technologies. *Proceedings of the American Philosophical Society* 147:246–258.

Saul, S. 2010. Cancer errors may increase with early test. *New York Times*, July 20, 2010, A1, A10.

Schellekens, O., M. Lindner, J. Lange, and J. van der Gaag. 2007. *A new paradigm for increased access to healthcare in Africa.* Washington, D.C.: International Finance Corporation.

Schneeweiss, S., J. D. Seeger, J. Landon, and A. M. Walker. 2008. Aprotinin during coronary-artery bypass grafting and risk of death. *New England Journal of Medicine* 358:771–783.

Schumpeter, J. A. 1936. *The theory of economic development.* 1911. Trans. Redvers Opie. Cambridge: Harvard University Press.

Seshadri, S., A. L. Fitzpatrick, M. A. Ikram, et al. 2010. Genome-wide analysis of genetic loci associated with Alzheimer's disease. *New England Journal of Medicine* 303:1832–1840.

Shao, Y. H., P. C. Albertsen, C. B. Roberts, et al. 2010. Risk profiles and treatment patterns among men diagnosed as having prostate cancer and a prostate-specific antigen level below 4.0 ng/mL. *Archives of Internal Medicine* 170:1256–1261.

Shaw, A. D., M. Stafford-Smith, W. D. White, et al. 2008. The effect of aprotinin on outcome after coronary-artery bypass grafting. *New England Journal of Medicine* 358:784–793.

Shu, X. O., Y. Zheng, H. Cai, et al. 2009. Soy food intake and breast cancer survival. *Journal of the American Medical Association* 302:2437–2443.

Singer, N. 2009. Slipstream: Seeking a shorter path to new drugs. *New York Times*, November 14, 2009. http://www.nytimes.com/2009/11/15/business/15stream.html.

Smith-Spangler, C. M., J. L. Juusola, E. A. Enns, et al. 2010. Population strategies to decrease sodium intake and the burden of cardiovascular disease. *Annals of Internal Medicine* 152:481–487, W170–173.

Snyder, T., S. Dillow, and C. Hoffman. 2009. *Digest of Education Statistics 2008*. NCES 2009-020. Washington, D.C.: U.S. Department of Education, National Center for Education Statistics, Institute of Education Sciences.

Speth, J. 2008. *The bridge at the edge of the world: Capitalism, the environment, and crossing from crisis to sustainability.* New Haven, Conn.: Yale University Press.

Stallybrass, P. 2006. Benjamin Franklin: Printed corrections and erasable writing. *Proceedings of the American Philosophical Society* 150:553–567.

Stampfer, M. J., W. C. Willett, G. A. Colditz, et al. 1985. A prospective study of postmenopausal estrogen therapy and coronary heart disease. *New England Journal of Medicine* 313:1044–1049.

Stetka, B. 2010. Unintentional drug poisoning deaths: A national epidemic. *Medscape Psychiatry and Mental Health*, June 28, 2010. http://www.medscape.com/viewarticle/724186.

Stewart, J. H., A. G. Bertoni, J. L. Staten, et al. 2007. Participation in surgical oncology clinical trials: Gender-, race/ethnicity-, and age-based disparities. *Annals of Surgical Oncology* 14:3328–3334.

Stone, P., B. R. Chaitman, K. Stocke, et al. 2010. The anti-ischemic mechanism of action of Ranolazine in stable ischemic heart disease. *Journal of the American College of Cardiology* 56:934–942.

Stueve, A., and L. O'Donnell. 2007. Continued smoking and smoking cessation among urban young adult women: Findings from the Reach for Health Longitudinal Study. *American Journal of Public Health* 97:1408–1411.

Summers, R. 1985. Services in the international economy. In *Managing the service economy*, ed. R. P. Inman, 27–48. Cambridge, U.K.: Cambridge University Press.

Talajic, M., P. Khairy, S. Levesque, et al. 2010. Maintenance of sinus rhythm and survival in patients with heart failure and atrial fibrillation. *Journal of the American College of Cardiology* 55:1796–1802.

Taylor, A. J., T. C. Villines, E. J. Stanek, et al. 2009. Extended-release niacin or ezetimibe and carotid intima-media thickness. *New England Journal of Medicine* 361:2113–2122.

Taylor, M. C. 2010. Academic bankruptcy. *New York Times*, August 14, 2010. http://www.nytimes.com/2010/08/15/opinion/15taylor.html.

Thomas, J., E. Ziller, and D. Thayer. 2010. Low costs of defensive medicine, small savings from tort reform. *Health Affairs* (Millwood) 29:1578–1584.

Ting, P., T. S. Chua, A. Wong, et al. 2007. Trends in mortality from acute myocardial infarction in the coronary care unit. *Annals of the Academy of Medicine, Singapore* 36:974–979.

Traynor, K. 2004. FDA to require bar coding of most pharmaceuticals by mid-2006. *American Journal of Health-System Pharmacy* 61:644–645.

Triplett, J., and B. Bosworth. 2003. Productivity measurement issues in services industries: Baumol's disease has been cured. *Federal Reserve Bank of New York Economic Policy Review* 9, no. 3:23–33.

Truffer, C. J., S. Keehan, S. Smith, et al. 2010. Health spending projections through 2019: The recession's impact continues. *Health Affairs* 29:1–8.

Tsimikas, S. 2009. High-dose statins prior to percutaneous coronary intervention. *Journal of the American College of Cardiology* 54:2164–2166.

Uchitelle, L. 2009. When, oh when, will help be wanted? Jobs lost and gained during the recession: Percent employment change, Dec. 2007 through June 2009. *New York Times*, July 19, 2009. http://www.nytimes.com/2009/07/19/weekinreview/19uchitelle.html.

United Nations General Assembly. 2010. High level plenary meeting on MDGs outcome document. Resolution of the 65th Session of the General Assembly of the United Nations. October 19, 2010. http://www.un.org/en/mdg/summit2010/pdf/outcome_documentN1051260.pdf.

United Nations Health Partners Group in China. 2005. *A health situation assessment of the People's Republic of China*. 37: 42–43. Beijing: United Nations Health Partners Group in China.

U.S. Bureau of Labor Statistics. 1979–2009a. Labor force statistics. *Current Population Survey*. http://data.bls.gov:8080/PDQ/outside.jsp?survey=ln.

———. 1979–2009b. Workforce statistics. *Industries at a Glance: Professional and Business Services*. http://www.bls.gov/iag/tgs/iag60.htm.

———. 2008a. Occupational Employment Statistics Survey. May 2008. http://data.bls.gov/oes/search.jsp.

———. 2008b. Table B-1: Employees on nonfarm payrolls by industry sector and selected industry detail (manufacturing industry). *Current Employment Statistics (National)*. http://www.bls.gov/webapps/legacy/cesbtab1.htm.

———. 2009a. Funeral expenses consumer price index. *All Urban Consumers (Current Series) Database*. http://data.bls.gov/PDQ/outside.jsp?survey=cu.

———. 2009b. Funeral homes and funeral services: All worker productivity index. *National Industry Productivity and Costs Database*. http://data.bls.gov/PDQ/outside.jsp?survey=ip.

———. 2009c. Legal services consumer price index. *All Urban Consumers (Current Series) Database*. http://data.bls.gov/PDQ/outside.jsp?survey=cu.

———. 2009d. Offices of physicians: Employment, hours, and earnings. *National Earnings Database: Current Employment Statistics Survey*. http://www.bls.gov/data/#wages.

———. 2009e. *Productivity change in the manufacturing sector, 1987–2008*. ftp://ftp.bls.gov/pub/special.requests/opt/lpr/mfgbardata.txt.

———. 2009f. *Productivity change in the nonfarm business sector, 1947–2008.* ftp://ftp.bls.gov/pub/special.requests/opt/lpr/mfgbar data.txt.

U.S. Renal Data System. 2011. *USRDS 2009 annual data report: Atlas of chronic kidney disease and end-stage renal disease in the United States.* Bethesda, Md.: National Institutes of Health, National Institute of Diabetes and Digestive and Kidney Diseases. http://www.usrds.org/reference.aspx.

Van der Gaag, J., and V. Štimac. 2008a. *Towards a new paradigm for health sector development.* Amsterdam Institute for International Development. http://www.rockefellerfoundation.org/uploads/files/9b109f8d-0509-49fc-9d0c-baa7ac0f9f84-3-van-der.pdf.

Van der Gaag, J., and V. Štimac. 2008b. *Towards a new paradigm for health sector reform: Results for development institute.* Mimeograph.

Van Gelder, I. C., H. F. Groenveld, H. J. Crijns, et al. 2010. Lenient versus strict rate control in patients with atrial fibrillation. *New England Journal of Medicine* 362:1363–1373.

Varma, N., A. E. Epstein, A. Irimpen, et al. 2010. Efficacy and safety of automatic remote monitoring for implantable cardioverter-defibrillator follow-up: The Lumos-T safely reduces routine office device follow-up (TRUST) trial. *Circulation* 122:325–332.

Veblen, T. 1899. *The theory of the leisure class: An economic study of institutions.* London: Allen and Unwin, 1924.

Voora, D., S. H. Shah, I. Spasojevic, et al. 2009. The SLCO1B1*5 genetic variant is associated with statin-induced side effects. *Journal of the American College of Cardiology* 54:1609–1616.

Wang, H., T. Xu, and J. Xu. 2007. Factors contributing to high costs and inequality in China's health care system. *Journal of the American Medical Association* 298:1928–1930.

Warren, M. S., J. K. Salmon, D. J. Becker, et al. 1997. Pentium Pro inside: I. A treecode at 430 gigaflops on ASCI red, II. Price/performance of $50/Mflop on Loki and Hyglac. International Conference for High Performance Computing Networking,

Storage, and Analysis, SC97 Technical Paper. http://loki-www.lanl.gov/papers/sc97/.

Welton, J., M. Decker, J. Adam, and L. Zone-Smith. 2006. How far do nurses walk? *Medsurg Nursing* 15:213–216.

Wilson, B., N. Quereshi, P. Santaguida, et al. 2009. Systematic review: Family history in risk assessment for common diseases. *Annals of Internal Medicine* 151:878–885.

Wilson, D. 2010. Mistakes chronicled on Medicare patients. *New York Times*, November 16, 2010, B3.

World Economic Outlook. 2009. *Crisis and recovery*. Washington, D.C.: International Monetary Fund.

World Health Organization. 2001. *National health accounts—Where are we today?* Issue paper, document 6, WHO Health Division. http://www.who.int/nha/docs/en/NHA_where_are_we_today.pdf.

———. 2009. World Health Organization Statistical Information System. http://apps.who.int/whosis/database/core/core_select.cfm.

———. 2010a. *Health systems financing: The path to universal coverage*. Geneva: WHO Press. http://www.who.int/whr/2010/whr10_en.pdf.

———. 2010b. *World health statistics 2010*. Geneva: WHO Press. http://www.who.int/whosis/whostat/2010/en/index.html.

Xu, K., C. Evans, G. Carrin, et al. 2007. Protecting households from catastrophic health spending. *Health Affairs* 26:972–983.

Yan, L., and E. Spitznagel. 2009. Soy consumption and prostate cancer risk in men: A revisit of a meta-analysis. *American Journal of Clinical Nutrition* 89:1–9.

Yong, P., and L. Olsen. 2010. The healthcare imperative: Lowering costs and improving outcomes: Brief summary of a workshop. Washington, D.C.: National Academies Press.

Yu, C. M., J. Y. Chan, Q. Zhang, et al. 2009. Biventricular pacing in patients with bradycardia and normal ejection fraction. *New England Journal of Medicine* 361:2123–2134.

致　谢

　　这本书是在我和我的老朋友比尔·鲍恩（即威廉·鲍恩）最早于20世纪60年代初完成的一些研究的基础上写成的。当时比尔还是普林斯顿大学的一名年轻的助理教授。其实，大部分功劳都应该归功于比尔，因为是他将我们对这个问题的思考系统化的，也是他为我们的研究工作制订了计划。我们对不断上升的成本的分析最初只是针对现场表演艺术的，如戏剧、音乐和舞蹈，在此感谢二十世纪基金会（Twentieth Century Fund）和洛克菲勒兄弟基金会（Rockefeller Brothers Fund）对这个研究项目的慷慨资助。而在我们推进这项研究的过程中，有一个观察结果给我们留下的印象最为深刻：戏剧的制作成本和剧院的票价一直在普遍地、几乎不间断地上涨。在试图解释这种令人惊讶的演变轨迹的时候，我们很快就想到了"成本病"这个概念，然后我们又将它应用到对其他包含了大量手工艺成分的活动的分析中，特别是医疗保健和教育。以此为开端，很快就出现了一大批关于成本病的文献。

　　当然，第一个研究项目往往需要付出特别巨大的努力。我们的数据是从美国和英国的100多个观众和戏剧团体那里收集来的，比尔的妻子玛丽·艾伦·鲍恩（Mary Ellen Bowen）和我的妻子希尔达·鲍莫尔（Hilda Baumol）承担了这项任务并出色地完成了。在半个世纪以前，许多人鼓励我们进行这项研究并提供了很多非凡见解和有用信息，我们已经没有办法在这里对他们逐一表示谢意了。不过，我还是要特别感谢二十世纪基金会的奥古斯特·赫克舍（August Heckscher）和约翰·布斯（John Booth），以及洛克菲勒兄弟基金会的南希·汉克斯（Nancy Hanks）和约翰·洛克菲勒二世（John D. Rockefeller II）对我们的大力支持和有益指导。

写到这里，我顺便提一下，在克林顿政府努力推动美国国会通过立法建立政府医疗保健计划期间，人们对成本病理论的兴趣急剧增强。事实上，在这个领域，我与已故参议员丹尼尔·帕特里克·莫伊尼汉有过密切合作。莫伊尼汉是我的好友，他是一位智识巨人，也是一位异常高效的政治家，他还是第一个真正理解成本病理论并利用它去改善公共福利的民选官员。我们与希拉里·克林顿及其幕僚也进行过很多次交流，因为我们想提醒他们，不要在降低医疗保健成本这个问题上做出过多承诺（他们很希望降低成本）。我们担心，这样的承诺可能会反过来危及整个医保改革计划。

我还非常感谢爱丽丝·范德穆伦（Alice Vandermeulen）教授，是她创造了"鲍莫尔成本病"（Baumol's cost disease）这个术语。苏·安妮·贝蒂·布莱克曼（Sue Anne Batey Blackman）和爱德华·沃尔夫（Edward Wolff）教授是我撰写的《生产率与美国领导力》（*Productivity and American Leadership*, 1989）一书的合著者，

他们的贡献是扩展了事实证据，深化了对成本病的分析。

接下来要说明（这或许也是最紧迫的）本书中我的各位合著者发挥的作用。我非常感谢洛克菲勒兄弟基金会对这本书的慷慨资助。对我的合著者，我也要再三致以谢意。在这里，我将按照他们负责或参与的章节在本书中出现的顺序来说明他们每个人的贡献。首先要说的是三位同样与洛克菲勒兄弟基金会有关的优秀分析师的贡献，他们是阿里尔·巴勃罗斯-门德斯、希拉里·塔比什和大卫·德·弗兰蒂。在本书第七章中，他们将成本病的分析扩展到了低收入和中等收入国家。他们提供的数据表明，在某些国家，人均收入增长与人均医疗支出提高之间存在着一条上行路径，且只有小得令人惊讶的偏差（这在经济关系中很罕见）。他们负责的章节还提醒我们，成本病肯定不是这种经济关系的唯一原因：改善的医疗保健延长了寿命，后者反过来又提高了医疗成本。

在第九章和第十章中，莉莉安·戈莫里·吴为尼古拉斯·奥尔顿分析与商用服务相关的成本病提供了实证资料。她指出，当服务本身就是最终产品时（例如，医生给病人看诊）与该服务充当了其他最终产品的投入要素时（例如指示装配线工作进度的软件），成本病在服务成本中发挥的作用可能会非常不同，莉莉安·戈莫里·吴在IBM工作，这使她能够接触到大量真实的商用服务案例。

第十一章和第六章的部分内容由纽约大学医学中心（New York University Medical Center）和纽约州立大学下州医学中心（State University of New York Downstate Medical Center）的著名心脏病学家

致　谢　　249

和退休教师蒙特·马拉克撰写。第十一章以如下观察为基础：尽管似乎没有人能够找到某个单一的方法来抑制医疗保健成本令人不安的快速上升势头，但应该还是有许多方法可以压降这些成本的当前规模。本章的一个早期版本曾经以封面文章发表在《社区卫生杂志》（Journal of Community Health）上（Malach and Baumol，2009，2010）。本书中的修订版还提出了通过修改当前医疗实践来减少医疗保健支出的务实建议。

在这里我还要特别感谢以下几个人。首先是纽约大学的爱德华·沃尔夫教授，他为我在本书中计算医疗保健支出预测值提供了慷慨的指导。还有奥瑞特·沃曼（Aurite Werman），为了研究更有启发性的最新数据，他付出了整整一个暑假的时间。还有当时正在纽约大学斯特恩商学院攻读统计学博士学位的丽贝卡·塞拉（Rebecca Sela），她反复验算了我们的计算结果。

我还必须感谢耶鲁大学出版社的工作人员，是他们的精湛技艺和奉献精神保证了本书最终能够以更好的面貌呈现给读者。特别要感谢本书的编辑威廉·弗鲁赫特（William Frucht），他在如何改进文字表达、哪些内容应该特别强调等方面都提出了宝贵的建议。我们之间的交流也一直是富有成效和温文有礼的，虽然有一次我们出现了较大的分歧（尽管只是在一件很小的事情上）。我还要感谢（来自韦斯特切斯特图书服务公司的）贾雅·查特吉（Jaya Chatterjee）、玛丽·帕斯蒂（Mary Pasti）和迈克尔·哈格特（Michael Haggett），以及其他为本书的出版做出过贡献的许多同事，与他们一起工作给我带来了莫大的乐趣。

最后，我要向两位不可或缺的同事——安妮·诺伊斯·塞尼（Anne Noyes Saini）和珍妮丝·罗德里克·刘易斯（Janeece Roderick Lewis），表示我最大的谢意。虽然我必须承认，珍妮丝在这本书中几乎没有直接发挥过什么作用。但是，当我和安妮一起为这本书奔忙时，是珍妮丝以极高的能力可靠地规划了我办公室的所有其他活动，这对本书的顺利出版无疑是至关重要的。当然，安妮扮演的角色也绝不仅仅是修改润色文字，事实上，如果要做到完全公正，那么就应该将她也列为主要合著者。安妮非常高效地协调了本书所有作者的工作，确保了全书不同章节的一致性，同时也是她把我们的编辑提出的宝贵建议付诸实施、将马拉克博士写的那一章的医学专业术语转化成了普通读者可以理解的术语等等。为本书做出了巨大贡献的人还有很多，但是我只能写到这里了。是的，这样做也许是恰当的，就以我对安妮和珍妮丝的感激之情，来给我对他们的无尽谢意作结吧。

阿里尔·巴勃罗斯-门德斯、希拉里·塔比什和大卫·德·弗兰蒂想借此感谢威廉·鲍莫尔、安妮·米尔斯（Anne Mills）、蒂莫西·埃文斯（Timothy Evans）、雅克·范德加格（Jacques van der Gaag）和玛丽·贝林（Marie Beylin）对本书第七章早期版本的批评和建议，同时感谢黛安·朗汉姆-布茨（Dianne Langham-Butts）、玛丽安·贾米森（Marian Jamieson）和汤姆·赫尔米克（Tom Helmick）在最后定稿时提供的帮助。第七章中表达的观点仅代表作者的观点，而不是他们所在机构的观点。

莉莉安·戈莫里·吴在此感谢以下为第九章和第十章做出了贡献的人：苏珊·安德鲁斯（Susan Andrews）、丹尼尔茨·安伦松医学博士（Daniel Z. Aronzon）、保罗·巴夫斯（Paul Baffes）、爱德华·贝文（Edward Bevan）、玛西亚·查普曼（Marcia Chapman）、利亚姆·克利弗（Liam Cleaver）、勒奈特·科尔曼（Lynette Coleman）、布莱恩·古德曼（Brian Goodman）、特蕾莎·哈德森-金克斯（Therese Hudson-Jinks）、拉里·卡萨诺夫（Larry Kasanoff）、斯蒂芬·卡茨医学博士（Stephen A. Katz）、克里斯汀·拉瓦斯（Kristine Lawas）、大卫·纽博尔德（David Newbold）和玛格丽特·沃斯伯格（Margaret Vosburgh）。

蒙特·马拉克感谢威廉·鲍莫尔教导他快速掌握了对医疗保健领域成本病的经济学分析方法，同时感谢安妮·诺伊斯·塞尼对第十一章文字的润色。

译后记

这本书初稿译出之际，聊天机器人ChatGPT（Chat Generative Pre-trained Transformer）正风靡一时。ChatGPT是一个由美国OpenAI公司开发的人工智能技术驱动的自然语言处理工具，它理解人类的语言，并且会根据情境变化实时调整输出，真正做到了像人类一样聊天。更令人惊喜的是，ChatGPT不仅能搜索并自动整合信息，还能撰写邮件、视频脚本、文案、代码，能翻译多种语言，甚至还能写论文！

有人说，ChatGPT会给全世界带来颠覆性的革命，这种观点也许夸张了一些，但是说它确实标志着人工智能的发展已经迈进了能够真正对人类的生产、生活、消费和游戏等各个方面产生直接影响的阶段，这应该没有多大疑问。其中一个影响当然是人工智能对人类劳动的替代，而这就与本书的主题密切相关了。

鲍莫尔在本书中描述了一个两部门非平衡增长模型：整个经济被分为生产率持续增长的进步部门和生产率增长缓慢的停滞部门；随着时间的推移，进步部门以劳动成本衡量的单位产品成本持续下降，而停滞部门的单位产品成本不断上升。这就是"成本病"，又称"鲍莫尔病"，它会带来一系列问题。

进步部门指的主要是制造业，而停滞部门则主要包括教育、医疗保健、市政服务、表演艺术等依赖于"个人服务"的行业。例如，现场艺术表演，200年前演奏莫扎特四重奏需要4个人，200年后演奏同样一首曲子仍然需要4个人，劳动生产率没有发生什么变化。

如鲍莫尔指出的，成本病在发达国家和发展中国家普遍存在，而且经济越发达就越突出，但是鲍莫尔却很乐观，他认为，在竞争性社会中，只要制度能够保障创新，我们就负担得起美好生活所需要的更多东西。哪怕医疗保健和教育变得越来越昂贵，我们的收入也会增长，因此无须过多担心。成本病源于不同经济部门生产率增长的不均等，只有创新停止了，所有经济部门的生产率增长都变为零，这种生产率增长的不均等才会消失，成本病才不再是一个问题。但是很显然，那并不是一个好消息：到了那个时候，"贫困病""暴力病"等更严重的疾病都会登场。

鲍莫尔认为，生产率不断提高本身就能够确保未来我们可以获得丰富的、合乎我们要求的产品和服务；恰恰是"医疗保健和教育等服务是我们负担不起的"这种错觉阻碍了医疗保健和教育的改善。他强调指出，这种错觉会导致种种"政治幼稚病"，进而剥夺我们和我们的后代享受更好服务的机会。

鲍莫尔的论述简洁有力，他对成本病的政策含义的分析更是发人深省。但是，如果人工智能的发展，使得个人服务业的生产率大幅提高，那么会不会改变成本病存在的基础呢？

人工智能最大的特点是可以自我学习，将来强人工智能出现后，甚至可以像人类一样感受、思考、推理和判断，然后生成有实际价值的内容。这样一来，传统上只有通过"个人服务"才能完成的许多工作，人工智能都可以轻松高效地完成。ChatGPT也许已经揭开了这种未来的一角。

如果真的有一天，人工智能的广泛使用，使得所有行业的劳动生产率都快速提高，甚至使得许多行业不再需要劳动力，那么会不会出现任何行业都不再符合鲍莫尔所说的停滞部门（或渐近停滞部门）的定义，因而成本病存在的基础将不复存在的情况？

读者不妨想一想这个问题。

鲍莫尔是我向来都很喜欢的一位经济学家。感谢中信出版集团和孟凡玲老师将这本书交给我翻译。感谢信任。

能够译成此书，我最感谢的是太太傅瑞蓉，感谢她为我们家庭的付出和对我的工作的支持和帮助。同时感谢小儿贾岚晴，他每天都在成长，带给我不断学习的动力。

我还要特别感谢我现在就职的农夫山泉股份有限公司和钟睒睒先生。农夫山泉公司使我衣食无忧；它一贯注重品质、强调利他，正与我的追求相契合。钟睒睒先生既是我的老板，也是我的良师和益友，感谢他为我创造了非常难得的读书、译书、写作的空间。

贾拥民

写于杭州嵩谷阁

比较译丛

《增长的烦恼：鲍莫尔病及其应对》
《事业还是家庭？女性追求平等的百年旅程》
《韧性社会》
《人类之旅》
《绿色经济学》
《皮凯蒂之后》
《创造性破坏的力量》
《人口大逆转》
《不公正的胜利》
《历史动力学》
《价格的发现》
《信念共同体》
《叙事经济学》
《人类网络》
《贸易的冲突》
《全球不平等》
《断裂的阶梯》
《无霸主的世界经济》
《贸易的真相》
《国家、经济与大分流》
《希特勒的影子帝国》
《暴力的阴影》

《美国增长的起落》
《欧元的思想之争》
《欧洲何以征服世界》
《经济学规则》
《政策制定的艺术》
《不平等,我们能做什么》
《一种经济学,多种药方》
《历史上的企业家精神》
《人为制造的脆弱性》
《繁荣的真谛》
《债居时代》
《落后之源》
《21世纪资本论》
《债务和魔鬼》
《身份经济学》
《全球贸易和国家利益冲突》
《动物精神》
《思考,快与慢》
《强权与富足》
《探索经济繁荣》
《西方现代社会的经济变迁》
《萧条经济学的回归》
《白人的负担》
《大裂变》
《最底层的10亿人》
《绑在一起》
《下一轮伟大的全球化》
《市场演进的故事》

《在增长的迷雾中求索》
《美国 90 年代的经济政策》
《掠夺之手》
《从资本家手中拯救资本主义》
《资本主义的增长奇迹》
《现代自由贸易》
《转轨中的福利、选择和一致性》